Fritz Neumann

Romanische Philologie

Fritz Neumann

Romanische Philologie

ISBN/EAN: 9783743443280

Hergestellt in Europa, USA, Kanada, Australien, Japan

Cover: Foto ©Thomas Meinert / pixelio.de

Manufactured and distributed by brebook publishing software
(www.brebook.com)

Fritz Neumann

Romanische Philologie

ROMANISCHE PHILOLOGIE

ein Grundriss.

FRITZ NEUMANN.

Fues.

Leipzig, Germany

1886

Romanische Philologie. Die Romanische Philologie, d. i. die Wissenschaft, welche sich mit der Erforschung der romanischen Sprachen und Litteraturen beschäftigt (in diesem engeren Sinne gedenken wir im folgenden den Begriff Romanische Philologie zu fassen), ist eine der jüngsten unter den philologischen Schwestern, eine Zwillingsschwester der germanischen Philologie. Man beginnt zwar die Geschichte der romanischen Philologie*) gerne mit einem Werke Dantes, mit seinem Buche über die italienische Sprache, dem De vulgari eloquentia, jenem ersten Versuch, eine romanische Sprache ihrem Wesen nach zu charakterisieren**), oder mit den aus dem 13. Jahrhundert bereits stammenden provenzalischen Grammatiken eines Uc Faidit und Raimon Vidal***). Allein man muß doch eingestehen, daß von einer wirklichen Wissenschaft der romanischen Philologie eigentlich erst vom Beginn unseres Jahrhunderts an die Rede sein kann.

Von dem, was in früheren Jahrhunderten für die Erforschung der romanischen Sprachen und Litteraturen geleistet worden ist, darf nur sehr wenig hervorgehoben werden, was Anspruch auf den Namen **wissenschaftliche Arbeit** machen kann. Zumeist verdienen jene älteren Versuche dieses Prädikat schon deshalb nicht, weil die Veranlassung, die Beweggründe, aus welchen die betreffenden Arbeiten hervorgiengen, mit wahrer Wissenschaft oft nichts zu thun hatten. Ein eigentliches Verständnis für die wissenschaftliche Bedeutung romanischer Sprach- und Litteraturstudien gieng jenen Zeiten ab; und wenn sich doch einmal dieser oder jener derartiger Forschung zuwandte, so haben wir die Motive dazu nicht in jener Erkenntnis, sondern ganz anderswo, meist in **patriotischen oder praktischen Interessen** zu suchen. So war es Liebe für die sogenannte gute alte Zeit, patriotische Begeisterung für die vaterländische Vergangenheit, die öfter in jenen Zeiten diesen oder jenen Franzosen, Italiener oder Spanier die Feder zur Hand nehmen ließ für eine Arbeit über heimatliche Litteratur u. dgl. Solche außerhalb der Wissenschaft liegenden Beweggründe trübten natürlich meist Darstellung wie Behandlung der Materie; und wo diese patriotische Begeisterung naturgemäß überhaupt nicht vorhanden sein konnte, nämlich außerhalb der romanischen Nationen, da fand denn auch Sprache und Litteratur der letzteren nur sehr geringe Beachtung bei den Gelehrten, es sei denn bei einem Universalgenie wie Leibnitz, der z. B. in seinen Annales imperii occidentis u. a. ein Kapitel den altfranzösischen epischen Gedichten von Guillaume d'Orange, Roland, Ogier le Danois u. s. w. widmet.

*) Eine beabsichtigte ausführlichere Geschichte der rom. Philologie mußte wegen Mangels an Raum auf folgende Skizze reduziert werden. [Vgl. jetzt Gröbers Grundriß 1—139.]
**) Ausgabe von Giuliani in Opere latine di Dante I. Florenz 1878. Vgl. auch Böhmer, über Dantes Schrift De vulgari eloquentia, Halle 1868, und D'Ovidio im Arch. glottol. ital. II, 59 ff.
***) Die beste Ausgabe erschien u. d. T.: Die beiden ältesten provenzalischen Grammatiken Lo Donatz proensals und Las rasos de trobar nebst einem prov.-ital. Glossar von neuem getreu nach den Hschr. hrsg. von Edm. Stengel. Marburg, Elwert 1878.

Jene erstgenannten, vereinzelt dastehenden Arbeiter waren im Vergleich zu dem, was wir heute wissenschaftlich nennen, zumeist Dilettanten, bei denen guter Wille, Fleiß und Sammeleifer den Mangel an wissenschaftlicher Methode und Kritik ersetzen mußten. Solcher Vorläufer der jetzigen romanischen Litteraturwissenschaft mögen hier wenigstens einige genannt sein, deren Namen trotz der heutigen Wertlosigkeit ihrer Werke verdienen noch nicht ganz vergessen zu werden. So unternahm im 16. Jahrhundert — im Gegensatz zu der damaligen Zeitströmung der Renaissance, deren Parole Nachahmung der antiken Dichtung, Beschäftigung mit griechisch-römischer Kunst war, — der Italiener P. Bembo provenzalische Litteraturstudien, Johannes Nostradamus, der Prokurator am Parlament zu Aix en Provence, veröffentlichte 1575 seine Vies des plus celebres et anciens poetes provensaux *), und fast zur selben Zeit schrieb Claude Fauchet seinen Recueil de la langue et poésies françaises, ryme et romans; plus les noms et sommaires des oeuvres de CXXVII poètes français vivant avant l'an 1300 (1581), während in der ersten Hälfte des 16. Jahrhunderts Clément Marot durch eine Neubearbeitung des altfranzösischen Rosenromans und eine Ausgabe des Naturdichters des 15. Jahrhunderts François Villon das Interesse an jener älteren Litteratur wider anzufachen suchte**). Fügte es sich dann einmal in so glücklicher Weise, daß sich zu dem guten Willen und dem oft allerdings in bewundernswürdigem Umfange vorhandenen Fleiße hohe geistige Begabung, Scharfsinn und Umsicht gesellten, so gelang diesen früheren Arbeitern auch wol bisweilen ein Werk, das trotz mangelhafter Methode doch bis zu einem gewissen Grade wissenschaftliche Bedeutung hatte und solche wissenschaftliche Bedeutung oft sogar bis zum heutigen Tage bewahrte. Ich erinnere an die bereits 1733 durch die fleißigen Benediktinermönche von St. Maur begonnene (dann durch Mitglieder der Académie des inscriptions et belles-lettres fortgesetzte) großartig angelegte Histoire littéraire de la France (s. u. S. 476), an die auf Erforschung der mittelalterlichen französischen Litteratur und Sprache gerichteten Bemühungen eines La Curne de Ste. Palaye († 1781), der nicht müde wurde, von Bibliothek zu Bibliothek zu wandern, Handschriften zu lesen und zu kopieren, auf Grund dieser Kopieen das Material zu einem altfranzösischen Wörterbuch zu sammeln, alles Arbeiten, die eine große Serie Folianten ausmachen, noch heute eine Zierde der Pariser Nationalbibliothek; ich erwähne ferner die noch heute wichtige Sammlung der Fabliaux et contes des poètes français du onzième au quinzième siècle, die Barbazan 1756 veröffentlichte, und die immer noch nützliche Französische Theatergeschichte der Gebrüder Parfaict (1745—1749); hingewiesen sei auch noch auf des Italieners Tiraboschi (geb. in Bergamo 1731, † in Modena 1794) Storia della letteratura italiana, die, obwol vor mehr als einem Jahrhundert (1772) erschienen und obwol in Einzelheiten überholt, doch noch immer ein unentbehrliches Hilfsmittel für den ist, der sich wissenschaftlich mit italienischer Litteratur beschäftigt. Genannt sei endlich auch des Spaniers Sanchez 1779 in 4 Bänden erschienene Sammlung altkastilianischer Dichtungen (vor dem 15. Jahrh.), eine zu ihrer Zeit äußerst fördernde und anregende Arbeit, die auch heute noch nicht vergessen, ja noch nicht einmal ersetzt ist.

Von einer solchen noch bis in die Jetztzeit hineinreichenden Bedeutung ist bei den Leistungen der früheren Jahrhunderte auf dem Gebiete romanischer Sprachforschung selten die Rede. Hier verschwinden noch mehr die rühmlichen Ausnahmen wie etwa das 1678 zuerst erschienene, noch jetzt unentbehrliche Glossarium mediae et infimae Latinitatis eines Ducange (geb. 1610 zu Amiens, † 1688 zu Paris) oder das Wörterbuch der französischen Akademie (erste Ausgabe 1694), dessen Bedeutung allerdings mehr in

---

*) S. Diez, Poesie der Troubadours S. V; Partsch, 36. f. roman. Litter. XIII S. 1.
**) Weitere ältere, heute wertlose, Versuche litterar-historischer Forschung findet man bei Ideler, Geschichte der altfranzösischen Nationallitteratur (1842) S. 3 ff. und sonst verzeichnet.

anderer als der rein wissenschaftlichen Richtung liegt*). Mit Auszeichnung verdient
genannt zu werden der Elucidario das palavras, termos e frases que em Portugal
antiguamente se usarão e que hoje regularmente se ignorão...., ein altportugiesisches Wörterbuch, das Santa Rosa de Viterbo 1798 und 1799 zu Lissabon veröffentlichte.
Zu den rühmlichen Ausnahmen auf dem Gebiete romanischer Sprachforschung möchte
ich endlich auch den vielgeschmähten und vielbelachten Ménage (geb. 1613 zu Angers,
gest. 1692 zu Paris) mit seinen Observations sur la langue françoise (1672), dem
Dictionnaire étymologique ou les origines de la langue françoise (1650) und seinen
Origini della lingua italiana (1669) rechnen. Es ist heute leicht und ein billiges
Vergnügen, über seine etymologischen Versuche zu spotten. Wenn wir auch heute aus
seinen Büchern kaum noch etwas lernen können, so muß man doch zugestehen, daß im
Verhältnis zu den gleichzeitigen oder selbst späteren Arbeiten derselben Art diejenigen
des Ménage zu seiner Zeit einen sehr hervorragenden Platz einnahmen und im Vergleich zu dem damaligen Stande der Sprachforschung achtunggebietende Leistungen waren.
Wenn man in der Epitre dédicatoire des Dictionnaire liest, welche Vorstellungen er
von den Aufgaben des Sprachforschers und speziell des Etymologen, von sprachlichem
Leben u. dgl. hatte, so wird man sich nicht verhehlen können, daß er mit diesen seinen
Anschauungen seiner Zeit vielfach bereits vorausgeeilt war. — So verdienstlich aber
die genannten Arbeiten auch zu ihrer Zeit waren, und so nützlich sie zum Teil auch
noch heute sind, so beginnt doch die wirklich wissenschaftliche Sprachbetrachtung auf allen
Gebieten erst in unserm Jahrhundert, als zu Anfang desselben in den Kreis unserer
Ideen ein ganz neuer Begriff Eingang fand, der Begriff vom Leben, von der Geschichte der Sprache, der uns vor allem durch die Arbeiten eines Franz Bopp und
Jakob Grimm auf indo-germanischem und germanischem Gebiete, auf romanischem Gebiete durch die auf Grimmsche Anregungen zurückzuführenden Arbeiten eines Friedrich
Diez erschlossen wurde**). Was frühere Jahrhunderte an grammatischen und lexikalischen Werken auf romanischem Sprachgebiete in Frankreich, Italien, Spanien, Portugal
und sonst hervorgebracht haben, wurde — abgesehen von wenigen Ausnahmen, von
denen ich einige eben erwähnt habe — meist durch praktische Bedürfnisse diktiert,
machte auch meist keinen Anspruch darauf, wissenschaftliche Forschung zu sein. Es sind
Arbeiten, die als Hauptziel verfolgen, entweder dem Ausländer die Kenntnis einer
romanischen Sprache zu vermitteln, oder den Landsleuten ihre Sprech- und Schreibart zu normieren und zu systematisieren. Solche Normierung und Systematisierung geschah dann aber nicht etwa aus dem Geiste der betreffenden Sprache heraus, wodurch
solche Arbeiten als Statistik des thatsächlich Beobachteten immerhin für wissenschaftliche
Leistung ausgegeben zu werden verdienten; sondern sie geschah meist nach anderswoher entlehnten Mustern, vor allem nach dem Vorbild und Schema der lateinischen
Grammatik oder nach logischen Kategorieen u. dgl. Und wo sich einer dieser älteren
Grammatiker einmal bemüht, wirkliche Beobachtungen widerzugeben und seine Sprache
auf Grund derselben zu beschreiben, da zeigt sich fast durchweg nach beiden Seiten hin,
sowol in Bezug auf die Gabe zu beobachten, als in Bezug auf die Fähigkeit das Beobachtete klar zu beschreiben, ein erstaunlicher Mangel, so daß es uns heute nicht erst
auf dem Wege mühsamer Interpretation der einzelnen Sätze und wegen der Vieldeutigkeit derselben oft nur sehr unvollkommen gelingt, uns ein Bild von dem beschriebenen
Sprachstand zu machen. Dazu kommt, daß diese Sprachbetrachtung und Sprachbeschreibung der älteren Grammatiker meist noch durch vorgefaßte Meinungen und Vorurteile
getrübt und daher eine einseitige, nicht allen Erscheinungen gerecht werdende ist: der

---

*) Dasselbe gilt von den meist ins vorige Jahrhundert zurückreichenden grammatisch-lexikalischen Arbeiten der Madrider und Lissaboner Akademie, während die lexikalischen Leistungen
der Florentiner Academia della Crusca schon wissenschaftlichere Ziele verfolgten.
**) Über Geschichte der Sprachwissenschaft und linguistischer Methode vgl. die unten S. 20
verzeichneten Arbeiten von Delbrück, Masing u. s. w.

Standpunkt dieser Grammatiker ist eben fast durchweg der willkürlicher Sprachmeisterei, die, unbekümmert um das Recht des historisch gewordenen und thatsächlich vorliegenden, einfach auf Grund jener vorgefaßten Meinungen **vorschreibt**, wie ausgesprochen werden soll, welcher Ausdruck, welche Wendung zu gebrauchen, welche zu meiden ist u. s. w. Beobachtungen über Genesis, Leben und Geschichte der betreffenden Sprachen, also wirkliche Sprachwissenschaft darf man in diesen Arbeiten nicht suchen. Und wo einmal derartige Fragen aufgeworfen werden und ihre Beantwortung versucht wird, da kommen dann die abenteuerlichsten Dinge, wie z. B. Herleitung des Französischen aus dem Hebräischen oder Griechischen u. dgl. mehr zu Tage. — Alle diese Arbeiten haben also heutzutage nur noch historisches Interesse, keine wissenschaftliche Bedeutung. Letztere kommt ihnen erst in zweiter Linie insofern zu, als solche grammatischen und lexikalischen Darstellungen den Wert von Quellenschriften für die heutige wissenschaftliche Erforschung der betreffenden Sprachperioden erhalten*).

So geartet sind die romanistischen Studien bis zum Beginn unseres 19. Jahrhunderts. Für dieselben ist wie auch für andere Forschungsgebiete das erste Viertel des 19. Jahrhunderts ein höchst bedeutsamer Wendepunkt, von dem an eine neue Epoche beginnt. Wie die Geburt der germanischen Philologie, so fällt auch der Beginn der romanischen Philologie in jene Zeit. Zwei Momente waren es vor allem, welche diese beiden Wissenschaften zeitigten. Auf der einen Seite gab der damals neu erschlossene Begriff vom Leben, von der Geschichte der Sprache und die gleichzeitige, damit zusammenhängende Schöpfung einer neuen Wissenschaft der vergleichenden Grammatik auch der grammatischen und lexikalischen Erforschung germanischer und romanischer Idiome eine ganz neue Richtung, in welcher binnen kurzer Zeit überraschende Resultate zu Tage gefördert wurden. Auf der andern Seite gaben die Neigungen der romantischen Dichterschule in Deutschland zu erneuter emsiger Erforschung mittelalterlicher Litteratur und Kultur den Anstoß**). Dieselben deutschen Romantiker, welche bei ihren Landsleuten wieder Liebe zu der damals fast vergessenen Litteratur deutscher Vergangenheit, vor allem deutschen Mittelalters, zu erwecken suchten und wirklich erweckten, die, sei es durch Ausgaben und Neudichtungen, sei es durch litterarhistorische Untersuchungen die Bekanntschaft mit

---

*) Da mir der beschränkte Raum verbietet, auf die oben charakterisierten Leistungen früherer Jahrhunderte hier näher einzugehen, so will ich den Leser hier wenigstens auf einige Schriften hinweisen, die ihn über den in Frage stehenden Gegenstand orientieren. Eine Übersicht der Forschungen auf dem Gebiete der französischen Philologie vom 13. Jahrhundert bis auf unsere Zeit giebt K. Laubert in dem Programm der Oberrealschule zu Frankfurt a. O. 1874. Über die ältesten Anleitungsschriften zur Erlernung der französischen Sprache handelt Paul Meyer in Revue critique 1870. V, 2 S. 373 ff. (wo auch weitere ältere Litteratur verzeichnet ist) und E. Stengel in Ztschr. f. nfr. Sprache und Litteratur I S. 1 ff. Vgl. auch Stürzingers Ausgabe der Orthographia gallica (Altfrz. Bibliothek Bd. VIII). Über französische Grammatiken bis zum 16. Jahrhundert vgl. ferner Ellis, On early english Pronunciation III, S. 794—835. Eine ausführliche Geschichte der französischen Grammatik im 16. Jahrhundert verdanken wir Ch. L. Livet: La Grammaire française et les grammairiens au XVIe siècle (Dubois. L. Meigret. J. Pelletier. G. des Autels. P. Ramus. J. Garnier. J. Pillot. Ab. Mathieu. Rob. et Henri Estienne. Claude de Saint-Lien. Théodore de Bèze]. Paris, Didier. 1859. Eine ziemlich vollständige Liste der von 1521 bis zum Beginn unseres Jahrhunderts erschienenen französischen Grammatiken findet man bei Thurot, De la prononciation française depuis le commencement du XVIe s. I. (Paris 1881) p. XXII LXXXVII. Vgl. ferner Génins' Ausgabe von Palsgraves und Gilles de Wés' Grammatiken (Coll. des documents inédits sur l'histoire de France. 1852). Neudrucke von französischen Grammatiken des 16. und 17. Jahrhunderts bringt Chassangs Bibliothèque historique de la langue française (Versailles, Cerf; brachte u. a. Vaugelas' Remarques). Die von Vollmöller bei Gebr. Henninger in Heilbronn herausgegebene Sammlung französischer Neudrucke wird ebenfalls Grammatiken (so die von Louis Meigret, P. de la Ramée, Sylvius u. a.) bringen. Schließlich verweise ich noch auf die Greifswalder Dissertation von Hugo Riemer, Die orthographischen Reformversuche der französischen Phonetiker des XIX. Jahrhunderts, deren erster Teil eine historische Übersicht über derartige Bestrebungen vom 16. Jahrhundert an giebt.

**) Vgl. v. Raumer, Gesch. der germ. Phil. S. 292 ff.

den alten Volks- und Heldenbüchern, mit den Minneliedern aus dem schwäbischen Zeitalter" u. s. w. vermittelten, dieselben Romantiker waren es, die zuerst in Deutschland wider nachdrücklich auf die Litteratur der romanischen Völker hinwiesen, die zuerst für einen italienischen Dichter wie Dante und einen spanischen Dichter wie Cervantes u. a. m. ein wirkliches Verständnis eröffneten, wie es in Deutschland bis dahin nicht vorhanden gewesen war. War es doch der Romantiker August Wilhelm Schlegel, der in seinen gelehrten und geistvollen Observations sur la langue et la littérature provençales (1818) schon vor Friedrich Diez das Interesse für das Liebesleben und Liebesdichten der altprovenzalischen Troubadours wachzurufen wußte; war es doch ebenso ein Romantiker, Ludwig Tieck, der zuerst die große Bedeutung des Einflusses altfranzösischer und provenzalischer Dichtung auf die mittelhochdeutsche richtig würdigte. Wie die ersten germanistischen Leistungen der Brüder Jakob und Wilhelm Grimm in innigem Zusammenhang stehen mit den Strebungen der Romantiker, so zeigt sich der Einfluß derselben ganz unverkennbar auch in Diezens ältesten Schriften. So könnte z. B. Diezens Charakteristik des Volksliedes, die wir in der ältesten uns von ihm bekannten wissenschaftlichen Aufzeichnung, seiner Rezension von Jakob Grimms spanischen Romanzen*) (1817) finden, ebensogut aus der Feder eines Achim von Arnim oder Clemens Brentano herrühren. Aber ebenso unverkennbar ist dieser Einfluß der Romantiker in den ersten größern Arbeiten von Diez aus den zwanziger Jahren, seinen Arbeiten über provenzalische Litteratur.

Auf romanistischer Seite blieb aber die Zahl derer, die in den genannten zwei Richtungen zu Forschung und Arbeit neu angeregt wurden, eine Zeit lang noch ziemlich klein. Von denjenigen, welche damals auf dem Gebiete romanischer Sprachforschung thätig waren, verdienen außer Diez nur wenige noch heute genannt zu werden. Vor allem gebührt ein Ehrenplatz unmittelbar neben Diez dem — auch als Dichter bekannten — Franzosen Raynouard (geb. 18. Sept. 1761, † 27. Okt. 1836). Von seinen Werken seien hier besonders erwähnt das Lexique roman ou Dictionnaire de la langue des troubadours (6 Bände, Paris 1838—1844), das noch heute nicht ersetzt worden ist, seine Grammaire comparée des langues de l'Europe latine (1821), die allerdings infolge eines verhängnisvollen Grundirrtums, dem gemäß R. aus dem Latein zunächst eine allgemein-romanische Sprache, das Provenzalische, und aus diesem erst in zweiter Linie die übrigen romanischen Sprachen sich entwickeln ließ, von vornherein ein verfehltes Werk war, das durch Diezens grammatische Arbeiten bald völlig überholt und antiquiert wurde; endlich sein wertvoller Choix des poésies originales des Troubadours (Paris 1816 ff., 6 Bde: Bd 6 = Gramm. comp.). Wenn man auch R. gewiß zu viel Ehre dadurch angethan hat, daß man ihn gelegentlich neben Diez als Mitbegründer oder gar als den eigentlichen Begründer der romanischen Philologie bezeichnet hat — dazu fehlte seinen Arbeiten doch die eigentlich philologische Methode und Kritik —, so hat er doch das große Verdienst, durch seine unermüdliche Forscherthätigkeit, zu der ihm eine glühende patriotische Begeisterung für die poetischen Schätze des mittelalterlichen Frankreich den Hauptanlaß gab, manches schöne Resultat gefördert und vor allem nachhaltige Anregung zu erneuter ernster Beschäftigung mit der litterarischen Vergangenheit seines Vaterlandes gegeben zu haben, ja selbst über Frankreich hinaus: A. W. Schlegels und Fr. Diez' Arbeiten über provenzalische Litteratur und Sprache bauten sich auf dem durch R. gelegten Grunde auf, und seine Grammaire comparée gab in gewissem Sinne den ersten Anstoß zu einer wissenschaftlichen Behandlung der romanischen Sprachen. Nächst Raynouard nenne ich seinen Landsmann Roquefort: hatte Raynouard seine Thätigkeit vorzugsweise auf die Erforschung provenzalischer Sprache gerichtet, so suchte Roquefort durch seine Arbeiten — ich erwähne u. a. sein u. d. T. Glossaire de la langue romane 1808 ff. erschienenes, noch heute nicht ganz unbrauchbares altfranzösisches

---

*) Heidelberger Jahrb. der Litteratur. 1817, S. 371 ff.; jetzt bequem zugänglich in Friedr. Diez' kleinere Arbeiten und Rezensionen, hrsg. von Breymann (München, Oldenburg) 1.

Wörterbuch, sein Buch De l'Etat de la poésie franç. dans les 12e et 13e s. (1815) und seine Ausgabe der Dichtungen von Marie de France (1819) — das Interesse für das Altfranzösische zu erwecken. Außer diesen beiden französischen Gelehrten verdienen vor allem erwähnt zu werden der Schweizer Orelli, der 1830 den ersten Versuch einer altfranzösischen Grammatik macht, und der Darmstädter Lorenz Diefenbach, dem man die erste umfassende Darstellung der romanischen Schriftsprachen (1831) verdankt. Zu den genannten, die vorzugsweise lexikalische und grammatische Arbeiten lieferten, gesellten sich auf dem Boden litterarischer Forschung noch andere; so der feinsinnige Romantiker L. Uhland mit seiner epochemachenden Abhandlung über das altfranzösische Epos (Schr. IV, 327 ff.), der rührige, aber mehr enthusiastische als kritische Fauriel mit seinen Forschungen besonders über provenzalische Litteratur, der eminent fleißige und anregende Paulin Paris, sowie der vielseitige Immanuel Bekker, welchen beiden letzteren die ersten wirklich wissenschaftlichen Ausgaben altromanischer Texte zu danken sind*), der gelehrte Ferd. Wolf, endlich die ganze sich von Jahr zu Jahr mehrende Schar französischer Texteditoren wie Jubinal, Méon, Michel u. a. m., alle zwar mehr oder weniger Dilettanten, deren Publikationen aber dennoch vielfach anregend gewirkt haben. — Einen wirklichen Aufschwung nahm die Romanistik aber dann erst von den dreißiger Jahren an, nachdem Diez auf beiden Gebieten sowol der sprachwissenschaftlichen als der litterarischen Forschung Vorbilder und Muster abgegeben hatte. Mit ihm also beginnt erst so recht eigentlich die Geschichte der romanischen Philologie.

Friedrich Christian Diez**) wurde am 15. März 1794 zu Gießen geboren. Er hatte das Glück, schon als Schüler des dortigen Pädagogiums einen Mann wie den geistvollen Altertumsforscher und Philologen F. G. Welcker zum Lehrer zu haben, der ihm nicht nur das Verständnis der antiken Sprachen und Litteraturen eröffnete, sondern ihn auch für die geistigen Erzeugnisse der romanischen Nationen zu interessieren wußte. Welcker hatte damals (1806—1808) in Italien und speziell in Rom geweilt, und war voll Begeisterung und Verehrung für jenes Land, seine Sprache, seine Litteratur, seine Kunst zurückgekehrt. Diese Verehrung suchte er auch auf seinen liebgewonnenen Schüler zu übertragen, indem er ihn mit der Sprache und den Schriftstellern Italiens bekannt machte. So wurde schon ein erster Keim zu den bald erwachenden romanistischen Neigungen Diezens gelegt. Da Welcker 1809 zum Professor der Archäologie und griechischen Litteratur an der Universität Gießen ernannt wurde, so hatte Diez auch fernerhin, als er 1811 die Universität bezog, um Philologie und Theologie zu studieren, Gelegenheit, Schüler des trefflichen Menschen und anregenden Gelehrten zu bleiben. Das verhängnisvolle Jahr 1813 verursachte in Diezens Studien eine Unterbrechung: er folgte dem Rufe des Vaterlandes und nahm im oberhessischen Freicorps am Feldzuge gegen Napoleon teil. Unversehrt aus demselben zurückgekehrt, setzte er seine Studien — zunächst in Gießen, nachher in Göttingen, wo er seinen inzwischen dorthin berufenen Freund und Lehrer Welcker wider traf — fort, indem er sich nach und nach immer mehr den romanischen Sprach- und Litteraturstudien zuwandte. Es heißt, daß er gelegentlich eines Frankfurter Aufenthalts bei einem Attaché der spanischen Gesandtschaft Spanisch zu lernen angefangen habe, und als erste Frucht dieser speziell spanischen Studien müssen wir wol die ausführliche und treffliche Besprechung ansehen, welche er Jakob Grimms Sammlung altspanischer Romanzen 1817 widmete***), woran sich 1818 eine metrische Übersetzung der Romanzen schloß, eine Arbeit, die schon in reichem Maße zeigt, wie sehr Diez es verstand, sich in den Geist fremder Dichtung zu vertiefen und welch eminentes Talent für Interpretation fremdländischer Poesie er besaß.

---

*) Fierabras, hrsg. von I. Bekker, (Berl. Akademie-Ber. 1829), die erste der alten französischen Dichtungen, die in völliger Integrität genau nach der Hs. veröffentlicht wurde, und der Romans de Berte aux grans piés p. p. P. Paris.

**) Vgl. über D. die unten S. 17 verzeichneten Schriften.

***) S. oben S. 9.

Inzwischen war Diez mit Raynouards Sammlung der provenzalischen Troubadour=
dichtungen bekannt geworden. Ein beachtenswerter Umstand ist es, daß es Goethe war,
der den jungen ihn besuchenden Diez auf Raynouard und die Schätze der provenzali=
schen Litteratur aufmerksam machte. Die erste Frucht der durch das Studium von
Raynouards Choix und A. W. Schlegels oben erwähnte Observations etc. angeregten
provenzalischen Studien war die 1825 erschienene Arbeit „Über die Minnehöfe, Beitrag
zur Kenntnis der romantischen Poesie", worin Diez verschiedene alte litterarhistorische
Irrtümer bekämpft. Bedeutsamer als diese erste Frucht sind die beiden (Zwickau 1826
und 1829 erschienenen) sich gegenseitig ergänzenden Werke: „Die Poesie der Trou=
badours, nach gedruckten und handschriftlichen Werken derselben dargestellt" und „Leben
und Werke der Troubadours, ein Beitrag zur näheren Kenntnis des Mittelalters" *),
beide Werke Muster litterarhistorischer Kritik und Darstellungskunst und noch heute, ob=
wol in vielen Punkten überholt, Ausgangspunkt und Grundlage der provenzalischen
Studien. Besonnene Kritik gegenüber den Quellen, gründliche und zuverlässige Dar=
legung aller Verhältnisse, Auffassung und Beurteilung der in Betracht kommenden Er=
scheinungen aus ihrer Zeit heraus mit Hinweglassung alles ästhetischen Räsonnements,
welches letztere seine Vorgänger so oft verhindert hatte, über jene mittelalterliche Litteratur
zu ungetrübtem Urteil und klaren Anschauungen zu gelangen; — all das sind die her=
vorragenden methodischen Vorzüge von Diezens beiden Arbeiten.

Die äußeren Lebensverhältnisse Diezens hatten während dieser Zeit einige Ände=
rungen erfahren. Nachdem er während der Jahre 1819—1820 durch äußere Verhält=
nisse genötigt war, eine Hauslehrerstelle in Holland anzunehmen, promovierte er 1821
(30. Dez.) zu Gießen, als er kurz zuvor (20. Nov.) an der Universität Bonn
eine Anstellung als Lektor für Spanisch, Portugiesisch und Italienisch erhalten hatte.
1823 wurde er daselbst zum außerordentlichen, 1830 zum ordentlichen Professor er=
nannt, in welcher Stellung er bis zu seinem Tode am 29. Mai 1876 beharrte, ohne
daß aus dieser ganzen Zeit weitere beachtenswerte Data aus seinem äußeren Leben zu
verzeichnen wären.

Desto reicher und vielseitiger gestaltete sich seine wissenschaftliche Wirksamkeit. Die
mit den beiden Arbeiten über provenzalische Litteratur so glücklich begonnene litterar=
historische Forschung hat Diez in der Zeit von 1830 an allerdings im großen ganzen
etwas bei Seite gestellt. Bei seinen Studien über die ältere Litteratur der romanischen
Nationen war ihm nicht entgangen, daß die zweite Seite des philologischen Studiums,
das rein Sprachliche, von den Romanisten damals noch recht vernachläßigt war, und
daß daher die grammatische Behandlung der romanischen Sprachen bedeutende empfind=
liche Lücken, ja Mangel an jeglicher wirklich wissenschaftlichen Methode zeigte. Diesem Übel=
stande abzuhelfen, war sein nächstes Bestreben, und so sehen wir denn den Schwer=
punkt von Diezens Wirken von jetzt ab auf rein sprachlichem grammatischem Gebiete liegen.
Trotz alledem kehrte er oft und gern zu Untersuchungen litterarischer Art zurück: schreibt
er doch selbst 1862 an G. Paris, er würde gern, wenn er seinem Geschmacke folgen
dürfte, die grammatischen Studien beiseite legen und sich lieber wieder mit Litteratur=
geschichte befassen. Diese alte Vorliebe für litterarhistorische Forschung einerseits,
sowie die neu erwachten linguistischen Neigungen andererseits, beides bethätigt er in einer
Reihe kleiner kritisch=exegetischer Studien, in denen so beides zu Geltung kommen konnte.
So edierte Diez 1846 u. d. T. „Altromanische Sprachdenkmale" die zwei
ältesten französischen und den ältesten provenzalischen Text (Straßb. Eide, Eulalia,
Boethius), 1852 zwei altromanische Gedichte (Passion und Leodegar) und 1865 „Alt=
romanische Glossare", alles Publikationen, die noch heute von Bedeutung sind, obwol
im einzelnen vieles durch neue Handschriften=Collation u. dgl. eine Modifikation erhalten
hat. Das Jahr 1863 brachte dann noch einmal eine umfassendere, vorwiegend litterar=

---

*) Beide Werke wurden neu herausgegeben von Bartsch (Leipzig 1882. 3).

historische Untersuchung, die Schrift „Über die erste portugiesische Kunst- und Hofpoesie", worin der Nachweis erbracht wird, daß dieselbe nur unter dem formellen und materiellen Einfluß der provenzalischen Poesie herausgewachsen und erstarkt sei. Außer diesen kleineren Publikationen lieferte Diez noch eine große Zahl Rezensionen und Aufsätze in Zeitschriften, die man in Breymanns oben S. 9 Anmerkung*) erwähntem Buche jetzt von neuem abgedruckt findet.

Sehen wir somit auch Diez öfter und stets mit glänzendem Erfolge zu dem alten Lieblingsgebiet der litterarischen Forschung zurückkehren, so hat er doch andererseits seine Hauptkraft seit 1830 auf das Studium der romanischen Grammatik gerichtet, welches er auf Grund der veränderten Anschauungen über Leben, Geschichte, Entwickelung der Sprache und unter Anwendung der dadurch bedingten neuen historisch-vergleichenden Forschungsmethode unternahm. Und auf diesem Gebiete gerade war er berufen, seine am meisten hervorragenden Leistungen hervorzubringen, jene Arbeiten, durch welche er so recht eigentlich Epoche machen, Begründer der romanischen Philologie werden sollte: ich meine seine Grammatik und sein Etymologisches Wörterbuch der romanischen Sprachen (Bonn 1836 ff. 1853).

Die Anregung zu seiner romanischen Grammatik, in welcher zum erstenmale für sämtliche romanische Sprachen die Gesetze ihrer Entwickelungsgeschichte, wie sie in den zeitlichen und örtlichen Wandlungen von Lauten, Formen und syntaktischen Wendungen zum Ausdruck kommt, festgestellt wurden, erhielt Diez durch den Vorgang Jakob Grimms auf dem Gebiete der deutschen Grammatik. Diez selbst bekennt es einmal bescheiden und offen in einem Briefe an Gaston Paris, daß er weniger aus eigenem Antrieb oder eigenem erfinderischen Geiste folgend die historische Behandlung der romanischen Sprachen unternommen habe, sondern daß es vielmehr einzig und allein Grimms Beispiel und Leistungen gewesen seien, die diesen Entschluß in ihm zeitigten und ihm zugleich Richtung und Weg wiesen, die bei einem solchen Unternehmen einzuschlagen wären. Sein einziges Ziel sei gewesen, Grimms historische Methode auf die romanischen Sprachen anzuwenden, selbstverständlich mit gewisser Freiheit und Kritik. Außer Grimm war natürlich auch Bopp, der Begründer der vergleichenden Sprachforschung, von Einfluß auf Diez, und daß auch die Leistungen W. von Humboldts, besonders seine Schrift über das Entstehen grammatischer Formen nicht verfehlten, Diezens Anschauungen vom sprachlichen Wesen zu bestimmen, hat er selbst einmal (Vorr. zur 1. Aufl. seiner Grammatik) ausgesprochen. Wenn es nach alledem auch nicht eigene erfinderische Kraft gewesen ist, welche unserem Diez die Methode seiner romanischen Grammatik eingab, und wenn er somit auch keine eigentlich neuen Mittel der Forschung gefunden hat, so ist es trotzdem ein unendliches Verdienst, daß er, die Wichtigkeit und Bedeutung der historisch-vergleichenden Sprachbetrachtung anerkennend, sich in Wahl und Ausbildung seiner Methode einem Geiste wie J. Grimm unterordnet. Geht ihm so auch in dieser einen Beziehung das Verdienst der Originalität ab, so ist seine Grammatik doch auf der andern Seite ein Meisterwerk gründlichster Forschung, Schärfe der Kritik und Kombination, verbunden mit einer klaren, konzisen Darstellungsweise, und durch diese eine That, daß er die vergleichend-historische Methode von Bopp und Grimm auf die romanischen Idiome übertrug, hat er die romanische Philologie geschaffen (vgl. P. Meyer, Bibl. de l'école des chartes, 1874, S. 632).

Dieses Abhängigkeitsverhältnis von Fr. Diez gegenüber J. Grimm forderte schon oft zu einem Vergleich zwischen beiden heraus, ganz abgesehen davon, daß eine Parallele zwischen Diez, dem Altmeister der romanischen Philologie, dem Schreiber der romanischen Grammatik, und Grimm, dem Begründer der germanischen Philologie, dem Verfasser der deutschen Grammatik, an und für sich schon sehr nahe liegt. Der Hauptunterschied zwischen beiden ist schon angedeutet worden: er ist repräsentiert durch beider Grammatiken. Grimm, nicht Diez hat die Methode gefunden. Grimm war der erfinderische divinatorische Kopf, Diez war es nicht, wenigstens nicht in dem Maße,

Grimm, eine eminent poetische Natur, so daß man nicht anstand, ihn, obwol er nie einen Vers geschrieben, gelegentlich einen der allergrößten germanischen Dichter zu nennen, ließ sich durch eben diese poetische Natur, durch seine Kombinations- und Divinationsgabe bisweilen verleiten, in Regionen zu steigen, in die der nüchterne Verstand ihm nicht immer zu folgen wagte. Tragen seine Aufstellungen selbst dann noch immer das Gepräge eines genialen seherischen Geistes, mögen sie bisweilen sogar in ihrer Paradorie anregend und fördernd sein, so sind sie auf der andern Seite doch oft zu hypothetischer Natur und nicht selten ganz verunglückte Wagnisse. In dieser Kombinations- und Divinationsgabe liegt die Stärke, aber auch die Schwäche Jakob Grimms, da dieselbe bei ihm „nicht immer das Gegengewicht methodisch prüfender Kritik gefunden hat." Anders Diez. Nicht als ob ich ihm jene Gabe absprechen wollte. Nein, er besitzt sie wol; aber bei ihm tritt sie durch seinen nüchternen, kritischen Verstand weit mehr gezügelt und gemäßigt auf. Sein Verstand drang auch wol bisweilen, von dichterischer Phantasie geleitet, ahnend in weite Fernen vor, doch nie sich so ins Hypothetische verlierend wie Jakob Grimm. In gewissem Sinne läßt sich auf Diez anwenden, was J. Grimm einmal von seinem Bruder Wilhelm sagt: „Seine ganze Art war weniger gestellt auf Erfinden als auf ruhiges, sicheres In-sich-ausbilden." Der Grenzen des Verstandes, und speziell seines Verstandes blieb Diez sich stets bewußt, und er begnügte sich lieber mit wenigem Festen und sicher Erreichbaren, als daß er sich auf viel Hypothesen einläßt. Maßhalten in allen seinen Aufstellungen, klare Disposition und Ordnung des Materials, das sind die Vorzüge Diezischer Forschungsweise. So kann man sicher gehen, bei Diez, soweit es ihm bei seinen damaligen Mitteln überhaupt erreichbar war, das Richtige zu finden, da er verführerischen Aufstellungen geflissentlich aus dem Wege gehend, stets nur solche Thatsachen bietet, die eine sichere Grundlage für die romanische Sprachforschung zu gewähren imstande waren und meist noch sind. Diez sagt selbst einmal, daß er auf Thatsachen allein sein Augenmerk richte; nur diese wolle er sammeln und soweit als möglich beurteilen. Deshalb gehe er jeder Untersuchung aus dem Wege, welche nur zu hypothetischen Resultaten zu führen geeignet sei. Aus diesem Grunde hat er auch darauf verzichtet, die Art und Weise zu erklären, wie die romanischen Sprachen bei ihrer Genesis aus der lateinischen sich herausgebildet haben, weil es dabei nötig war, viele Lücken im Quellenmaterial durch Hypothesen zu überbrücken.

Diezens Grammatik ist und bleibt eine Großthat auf sprachwissenschaftlichem Gebiet. Gewiß ist vieles durch neuere Forschungen überholt, berichtigt und ergänzt worden: das ist ja nur zu natürlich, und es wäre schlimm und ein schlechtes Zeugnis für unsere Wissenschaft, wenn es anders wäre. Die sprachwissenschaftliche Methode hat sich ja von Jahr zu Jahr vervollkommnet, sie ist strenger geworden; die Anschauungen über sprachliches Leben, über Begriffe wie Lautgesetz, Analogiewirkung u. s. w. sind bestimmter und klarer geworden; durch die Fortschritte der Lautphysiologie haben wir einen ganz andern Einblick in das Wesen der Artikulation eines Lautes, des Lautwandels erhalten; durch fortgesetzte Studien über die Prinzipien der Sprachgeschichte und durch besser als früher basierte sprachphilosophische Spekulation ist unsere Kenntnis vom Wesen der Sprachentwickelung und den dabei wirksamen physiologischen und psychologischen Faktoren erweitert. Auf der Höhe dieses Fortschritts der Sprachforschung steht zwar Diezens Grammatik nicht. Aber trotzdem wird sie noch lange ihren Wert behalten, und jeder angehende Romanist thut auch noch heute gut, seine Studien mit Diezens Grammatik zu beginnen.

Über die andern sprachwissenschaftlichen Werte Diezens kann ich mich hiernach kürzer fassen. Bei seinem etymologischen Wörterbuch der romanischen Sprachen kamen Diezen die oben erwähnten Vorzüge besonders zustatten: die Herrschaft seines Verstandes über seine Phantasie. Gerade Etymologie, die so leicht genialer Spielerei und Willkür Raum bietet, verlangt jene maßvolle Besonnenheit und Vorsicht. Durch seine streng kritische Methode, die sich — wie er selbst es ausspricht — im Gegensatz zur unkritischen schlechthin den von der Lautlehre gefundenen Prinzipien und Regeln unterwirft, ohne einen Fuß breit davon abzuweichen, sofern nicht klare thatsächliche Ausnahmen dazu nötigen, die eine Etymologie nur dann duldet und anerkennt, wenn sie mit den (bis dahin wenigstens) erkannten Lautgesetzen übereinstimmt, durch diese Methode verlieh Diez der romanischen Etymologie erst eine wirklich wissenschaftliche Basis.

Beide Werke, Grammatik und Wörterbuch, sind in mehreren Auflagen erschienen. In der Art, wie Diez dabei seine Werke unermüdlich zu bessern suchte, wie er sich mit Hintenansetzung jeglichen persönlichen Interesses jeder Belehrung von anderer Seite, selbst von den Jüngsten zugänglich zeigte: darin äußert sich eine geradezu rührende Bescheidenheit und Selbstverleugnung, wie sie jetzt wol leider nur noch selten angetroffen werden dürfte. Wie sehr die letzteren den Grundzug seines Wesens ausmachten, dafür legt ein Brief Zeugnis ab, den er 1861 an seinen Schüler G. Paris schrieb und aus dem ein paar Worte hier mitzuteilen ich mir nicht versagen kann. Er schreibt: „Wenn Sie über das, was ich geschrieben, Zweifel hegen, so folgen Sie Ihrer Eingebung und überschätzen Sie mich nicht. Wir irren uns alle, und alte Leute sind besonders geneigt, an Ideen festzuhalten, an die sie sich gewöhnt haben. Die Jugend ist lebendiger und freier; sie findet oft, was uns entgeht. Wenn Sie bei mir Fehler finden, so sagen Sie es frei heraus, und ich werde Ihnen dankbar sein." Welche Geistes- und Charaktergröße spricht aus diesen bescheidenen Worten.

Die letzte Arbeit von Diez: Romanische Wortschöpfung (1875) trägt schon leider allzusehr die Spuren des Alters und des Schwindens der geistigen Kräfte an sich. Und doch: als das letzte Wort des Meisters wird sie ihre Bedeutung zu behaupten wissen. Niemand wird zögern, in das von Pietät diktierte Urteil einzustimmen, das G. Paris Romania 1876 S. 236 veröffentlichte. Die schönen Worte mögen hier zum Schluß eine Stelle finden: „Wer würde den Mut haben, peinliche Kritik an einem Manne zu üben, der seit 50 Jahren nicht aufgehört hat, die Wissenschaft, deren Gründer er war, zu bereichern und zu fördern, und der im Alter von 80 Jahren noch über jene Frische des Geistes, jene Feinheit der Gedanken, verbunden mit Eleganz, Kürze und Bestimmtheit des Ausdrucks, verfügte, welche man an mehreren Stellen dieses kleinen Buches bewundert. Alle Romanisten wissen ihm Dank für dieses neue Geschenk, eine Blüte des Spätjahres, nicht mehr erwartet, erblüht auf dem mächtigen Baume, in dessen Schatten sie alle arbeiten."

Ich sagte oben, daß mit Diez erst die Geschichte der romanischen Philologie begönne; ebenso schließt sie für uns auch mit Diez ab. Die direkten und indirekten Schüler von Diez, die es unternommen haben, den stolzen Bau, den er aufgeführt hat, zu erweitern, im einzelnen auszugestalten und zu verbessern, sie gehören bis auf wenige, die ein leider allzufrüher Tod schon dahingerafft hat, noch zu den Lebenden und sind in ihrem Wirken und mit ihren Werken noch nicht der Geschichte anheimgefallen. Es geziemt uns daher noch nicht, über sie ein Gesamturteil zu fällen. Den Namen dieser Männer wird man auf den folgenden Blättern, die dem mir gewordenen Auftrage gemäß eine Übersicht über die wesentlichsten Hilfsmittel des Studiums der romanischen Philologie bieten sollen, begegnen. In überaus reichem Maße ist die Saat, die Diez ausgestreut hat, aufgegangen, und es ist ihm das Glück beschieden gewesen, selbst noch die Riesenfortschritte zu erleben, die unsere Wissenschaft während weniger Jahrzehnte machte, Fortschritte, wie sie wol keine gleich junge Wissenschaft in demselben Zeitraume zu verzeichnen hat. Wenn wir nur den heutigen Stand der offiziellen Vertretung unserer Wissenschaft an deutschen Hochschulen mit dem Stande vor etwa 40 Jahren vergleichen, so kann ein derartiger ganz äußerlicher Vergleich schon eine Vorstellung von dem überraschend schnellen Aufschwung vermitteln, den die romanische Philologie genommen. Vor 40 Jahren war dieselbe wirklich offiziell vertreten nur an einer Universität, in Bonn, und zwar durch Diez. 40 Jahre haben genügt, um unserer Wissenschaft ein solches Ansehen zu verschaffen, daß alle Universitäten nach und nach einen Vertreter derselben für notwendig erachteten. Eine reiche Thätigkeit wird aber nicht nur in den Hörsälen der deutschen Universitäten und Seminare entfaltet, sondern ebenso auch an den Universitäten und Akademieen zu Paris, Montpellier, Mailand, Florenz, Padua, Rom, Neapel, Lissabon, Madrid und sonst. Eine noch reichere Thätigkeit aber in den Arbeitsstuben der einzelnen Gelehrten, wovon die jährlichen romanischen Bibliographieen beredtes Zeugniß ablegen. Diese emsige Thätigkeit, zu der sich Romanisten deutscher wie romanischer Zunge friedlich die Hand gereicht haben, diese gemeinsame Arbeit, so reich an schönen Früchten und Resultaten, sie darf als das beste, das würdigste Denkmal bezeichnet werden, welches dem Meister gesetzt werden konnte.

Da die Aufgabe dieser Encyklopädie vor allem die ist, über Mittel und Wege des Studiums der einzelnen wissenschaftlichen Disziplinen zu orientieren, so schließe ich hier eine Übersicht über die **Hilfsmittel des Studiums der romanischen Philologie** (mit besonderer Berücksichtigung des Französischen) an*).
Allgemeines (Encyklopädie, Bibliographie, Geschichte der rom. Philologie, Wissenschaft und Schule u. s. w.). Eine dem heutigen Stande der Wissenschaft und den jetzigen Begriffen von einer Wissenschaft der rom. Philologie einigermaßen entsprechende Encyklopädie dieser Disziplin besitzen wir jetzt in G. Körtings Encyklopädie und Methodologie der Romanischen Philologie mit besonderer Berücksichtigung des Französischen (Heilbronn, Gebr. Henninger, 1884 ff. Bd. 1 und 2 des auf 3 Bände berechneten Werkes sind bereits erschienen). Es darf hier jedoch nicht verschwiegen werden, daß dem Körtingschen Buche noch bedeutende Mängel anhaften; vor allem zeichnet sich dasselbe mehr durch Breite als durch Tiefe der Darstellung aus, einzelne Partieen sind etwas obenhin abgethan, oft (so besonders in den Abschnitten über sprachliches Leben u. dgl.) werden noch falsche oder schiefe Anschauungen vorgetragen. Aber trotz dieser und anderer Mängel wird das Werk doch geeignet sein, den Anfänger über die Ziele und Aufgaben, sowie über die Hilfsmittel des Studiums seiner Wissenschaft vorläufig zu orientieren, und somit eine schon lange schmerzlich empfundene Lücke in der Reihe der romanistischen Hand- und Hilfsbücher ausfüllen. Das, was man sonst gewöhnlich von der Encyklopädie einer Wissenschaft erwartet, eine kurz zusammenfassende Darstellung der bis jetzt in den verschiedenen Einzeldisziplinen geförderten Resultate, das bietet Körtings Buch allerdings nicht: eine Encyklopädie solchen Charakters wird von anderer Seite vorbereitet und demnächst zu erscheinen beginnen**). — Was wir an encyklopädischen Werken sonst noch besitzen, ist sehr unzulänglich. Vor allem ist zu warnen vor dem hinter den Fortschritten der Wissenschaft weit zurückgebliebenen Buche von B. Schmitz: Encyklopädie des philol. (?) Studiums der neueren Sprachen, hauptsächlich der französischen und englischen, 2. verb. Aufl., Leipzig 1875 ö. 4 Teile, 2 Suppl. und ein Anhang von H. Varnhagen. Das Werk konnte selbst bei seinem ersten Erscheinen kaum Anspruch auf das Prädikat „wissenschaftlich" erheben und dürfte heute als gänzlich antiquiert zu bezeichnen sein: für Schmitz ist der „moderne Philologe" im wesentlichen nichts anderes als Sprachmeister; daß ein Lehrer des Französischen neben der praktischen Ausbildung sich auch gründliche Vertrautheit mit den Problemen und

---

*) Ich beschränke mich natürlich auf Nennung des Wichtigsten; einiges ganz Wertlose, dessen Titel vielleicht den einen oder andern bestechen möchte, darf ich dabei freilich nicht unerwähnt lassen, um davor zu warnen.

**) Grundriß der Romanischen Philologie unter Mitwirkung von G. Baist, K. Bartsch, Th. Braga, J. Cornu, E. Decurtins, W. Deecke, Th. Gartner, M. Gaster, G. Gerland, G. Jacobsthal, H. Janitschek, F. Kluge, W. Meyer, C. Michaelis de Vasconcellos, A. Morel Fatio, Fr. D'Ovidio, W. Scheffer-Boichorst, H. Schuchardt, A. Schulz, W. Schum, Ch. Seybold, E. Stengel, H. Suchier, H. Tiktin, A. Tobler, Fr. Torraca, E. Windisch, hrsg. von G. Gröber. Straßburg, Trübner. (2 Bände) [Die 1. Lieferung ist inzwischen erschienen].

der Methode der romanischen (spez. franz.) Sprachwissenschaft, der grammatischen, litterarhistorischen und antiquarischen Forschung, der formalen und sachlichen Exegese u. s. w.
zu erwerben hat, scheint Schm. ein unbilliges Verlangen. Der jetzigen Auffassung des
Begriffs „moderne Philologie" trägt das Schmitzsche Buch daher in keiner Weise
Rechnung. Aber selbst der, der die Schmitzsche Auffassung vom philol. Studium der
neueren Sprachen noch teilen sollte, wird in dem salopp geschriebenen, von falschen und
ungenügenden Angaben, schiefen Urteilen wimmelnden, unglaublich liederlich zusammen-
gestoppelten Buche kaum Brauchbares finden. Nur der Anhang von B. (Systematisches
Verzeichnis der auf die neueren Sprachen . . bezüglichen Programmabhandlungen,
Dissertationen und Habilitationsschriften) ist ein ganz nützliches Nachschlagebuch. — In
Schmitzschen Geleisen — wenngleich schon mit ein wenig mehr Verständnis und Rücksicht-
nahme für die wissenschaftliche Seite des neusprachlichen Studiums — bewegt sich
H. Breitinger in seinen zwei Leitfaden für Französisch und Italienisch: 1) Studium
und Unterricht des Französischen. Ein encyklopädischer Leitfaden. Zürich, Schultheß 1877.
2) Das Studium des Italienischen. Die Entwickelung der Litterärsprache. Bibliographie
der Hilfsmittel des Studiums. Ebend. 1879.

Bibliographische Kenntnisse sind für jeden, welcher Wissenschaft er angehören
mag, notwendig: bibliographische Übersichten sind daher willkommene Hilfsmittel. Ich stelle
deshalb im folgenden die für den Romanisten besonders wichtigen derartigen Publikationen
zusammen*). Hier ist zunächst die Bibliographie zu erwähnen, die den einzelnen Jahrgängen des Jahrbuches für romanische und englische Sprache und Litteratur (s. u. S. 17)
beigefügt ist. Dieselbe, bearbeitet von den bernfensten Händen, den Herausgebern A. Ebert
und L. Lemcke mit Unterstützung von A. Tobler u. a., verzeichnet jeweils die wichtigsten
Erscheinungen aus der französischen, italienischen, spanischen und portugiesischen Litteraturgeschichte, der romanischen Grammatik und Kulturgeschichte. Doch werden zumeist nur
selbständige Publikationen, Bücher, selten Zeitschriftenartikel und Rezensionen berücksichtigt.
Diese Bibliographie umfaßt die Jahre 1858 - 1874. An dieselbe schließt sich dann
nach dem Eingehen des Jahrbuches die als jährliches Supplementheft zu Gröbers
Zeitschrift für romanische Philologie (s. u.) seit 1875 erscheinende Bibliographie an
(1875—1878 von G. Gröber; 1879—1881 v. F. Neumann; 1882 ff. von List).
Dieselbe verzeichnet nicht bloß Bücher, sondern auch sämtliche Rezensionen über dieselben,
Aufsätze in Ztschr. u. s. w. Seit 1883 erscheint zweimonatlich bei Twietmeyer (Leipzig)
ein Bibliographischer Anzeiger für romanische Sprachen und Litteraturen, hrsg. v.
E. Ebering. Außer diesen Bibliographien können zu Rate gezogen werden die Rapports sur les progrès de la philologie romane, die P. Meyer in den Transact.
of the phil. Society 1873 74 S. 407—439 (Bibl. de l'école des chartes
XXXV, 631—654), 1874 75 1, S. 119—133 (= B. d. l'é. d. ch. XXXVI,
320 ff.) veröffentlicht und E. Stengel in den Transactions 1882 S. 120 ff. fortgeführt hat, ferner der Artikel von F. Neumann, Die romanische Sprachforschung in
den letzten beiden Jahren (Kuhns Ztschr. f. vgl. Sprachf. N. F. IV 158—200), für romanische Dialektkunde speziell die bibliographische Übersicht von K. Sachs, Über den Stand
der romanischen Dialektforschung. Vortrag im Auszuge gehalten in der germanisch-roma-
nischen Sektion der Phil.-Vers. zu Innsbruck (Herrigs Archiv für das Studium der neueren

---

*) Von allgemeineren Bibliographieen seien hier kurz erwähnt: 1. Deutsche: W. Heinsius,
Allgem. Bücherlexikon (1700—1874), 15 Bände, Leipzig 1812—1878; Kayser, Vollständiges
Bücherlexikon (1750—1832), Leipzig 1833 ff.; Dasselbe (1833—1876), ebent. 1841 ff., Hinrichs,
Allgem. Bibliographie, Leipzig 1836 ff. (Gut. Erscheint wöchentlich, vierteljährlich, halbjährlich,
jährlich und fünfjährlich); Gräße, Trésor de livres rares et précieux. T. I—VII. Dresden
1859 ff. — 2. Französische: Bibliographie de la France. Paris; Brunet, Manuel du libraire.
5. Ausg. Paris 1860 ff. (vorzüglich); Lorenz, Catalogue général de la librairie franç.
depuis 1840. Paris 1840 ff. (gut). — 3. Italienische: Bibliografia ital. Florenz (unver-
hältnismäßig unvollständig). — 4. Spanische: Boletin de la libreria, Madrid. — 5. Rumänische:
Bibliografia romana. Butarest; Degenmann, jetzt Anhang der Convorbiri literare f. S. 19).

Sprachen, B. 54, S. 241—302), endlich für Neufranzösisch die Bibliographien der Zeitschrift für neufranzösische Sprache und Litteratur (s. u. S. 18).

Eine Geschichte der romanischen Philologie, wie wir eine Geschichte der germanischen Philologie von R. v. Raumer besitzen, ist noch ein Desiderium. Das S. 8*) erwähnte Programm von Laubert ist erst ein ganz kleiner Anfang dazu*). Ich kann hier nur noch ein paar Arbeiten über Friedrich Diez namhaft machen, welche die einen mehr, die andern weniger, auch über die Entwickelungsgeschichte der romanischen Philologie einige Bemerkungen geben. Ich nenne: U. A. Canello, Il professore Federigo Diez e la Filologia Romanza nel Nostro Secolo. Florenz 1872 (aus der Rivista Europea); K. Sachs, Friedrich Diez und die romanische Philologie (Berlin, Langenscheidt 1878); A. Mussafia, Fr. Diez (Österr. Wochenschr. 1872, 2 ff.); H. Breymann, Friedr. Diez, sein Leben, seine Werke und deren Bedeutung für die Wissenschaft (München, Ackermann 1878); E. Stengel, Erinnerungsworte an Fr. Diez. Erweiterte Fassung der Rede, welche zur Enthüllungsfeier der an Diez' Geburtshaus angebrachten Gedenktafel in Gießen am 9. Juni 1883 gehalten wurde. Nebst mehreren Anlagen und einem Anhang: Briefe von F. Diez an L. Diefenbach, W. Wackernagel, K. Weigand, A. v. Keller, A. Mussafia, A. Ebert (Marburg, Elwert).

Bis zu dem Jahre 1859, in welchem der erste Band des gleich zu erwähnenden Jahrbuchs erschien, war das hauptsächlichste Organ auch derjenigen, die auf dem Gebiete romanischer Sprach- und Litteraturforschung arbeiteten, das Archiv für das Studium der neueren Sprachen und Litteraturen. Herausgeg. von Ludwig Herrig, Braunschweig 1846 ff., Bd. I—LXXIV, 8°. In jener früheren Periode seines Bestehens und ebenso noch — wenn auch in geringerem Umfange — in den sechziger Jahren zählte das Archiv unter seinen Mitarbeitern Männer, deren Namen in der Geschichte der romanischen Philologie stets guten Klang behalten werden, so daß die früheren Bände Arbeiten von teilweise hervorragendem Wert enthalten; ich erwähne z. B. des leider der Wissenschaft so früh (1870) entrissenen Brakelmann Untersuchungen über die nordfranzösischen Chansonniers. Die Konkurrenz aber zunächst des Jahrbuches und dann der weiteren, in den siebziger Jahren gegründeten Zeitschriften, der romanistischen wie anglistischen, hat dem Archiv die besten Mitarbeiter entzogen, so daß die letzten Bände im Vergleich zu den früheren an Wert weit zurückstehen. Während das Archiv neben rein wissenschaftlichen Zielen auch, sogar vorwiegend, praktischen dienen will und dementsprechend methodische Fragen des neusprachlichen Unterrichts oft in den Kreis der Erörterung zieht, will das im Verein mit Ferdinand Wolf von A. Ebert 1859 gegründete Jahrbuch für romanische und englische Litteratur wesentlich ein Organ der rein wissenschaftlichen Forschung sein. Dasselbe — später zu einem Jahrbuch für romanische und englische Sprache und Litteratur erweitert — wurde zunächst von Ad. Ebert (Bd. I—V), dann von L. Lemcke (Bd. VI—XII, N. F. I—III) herausgegeben (zuerst Berlin, Dümmler; dann Leipzig, F. A. Brockhaus, zuletzt Leipzig, Teubner), ging dann aber 1876 ein. Diese Zeitschrift war bis Anfang der siebziger Jahre, als andere neue Zeitschriften gegründet wurden, das Hauptorgan der Romanisten sowol deutscher wie außerdeutscher Zunge; wir finden als Mitarbeiter neben Bartsch, Diez, Ebert, C. Hofmann, R. Köhler, Lemcke, Mahn, Tobler, Wolf den Italiener Mussafia, die Franzosen Gaston und Paulin Paris, P. Meyer, Du Méril, A. Pey, den Belgier A. Scheler u. a. m. An Stelle des eingegangenen Jahrbuchs trat die Zeitschrift für romanische Philologie, jährlich 1 Band zu 4 Heften (Halle, Max Niemeyer 1877 ff.). Dem Herausgeber Gustav Gröber ist es vermöge seines hervorragend organisatorischen Talentes gelungen, binnen kurzer Zeit eine Zeitschrift zu schaffen, die jetzt wol als die vornehmste aller romanistischen Zeitschriften, in gewissem Sinne als Mittelpunkt der romanistischen Studien in Deutschland bezeichnet zu werden verdient. Im Laufe der Jahre wurden dann noch eine Reihe von weiteren

---

*) [S. jedoch jetzt Gröbers Grundriß S. 1 ff.].

Zeitschriften ins Leben gerufen, die sich die Aufgabe stellten die Gröbersche Zeitschrift in der einen oder andern Richtung zu ergänzen. So hat sich das Litteraturblatt für germanische und romanische Philologie, herausgegeben von O. Behaghel und F. Neumann (Heilbronn, Gebr. Henninger, jährlich 1 Band zu 12 monatlichen Heften 1880 ff.) das Ziel gesteckt, als kritisches Organ durch Besprechungen der neueren litterarischen Erscheinungen, Verzeichnisse von neu erschienenen Büchern, Inhaltsangabe anderer Zeitschriften u. s. w. die Fortschritte der Wissenschaft so vollständig als möglich zu verfolgen. Das Litteraturblatt ist besonders auch für diejenigen als Orientierungsmittel berechnet, welche von den Centren der Wissenschaft entfernt leben, oder deren Zeit von einer praktischen Thätigkeit in Anspruch genommen ist, die aber dennoch ein lebendiges Interesse für ihre Wissenschaft sich bewahrt haben. — Der von Gröbers Zeitschrift absichtlich vernachlässigten neufranzösischen Sprache und Litteratur nimmt sich die von G. Körting und E. Koschwitz begründete, jetzt von H. Körting und D. Behrens herausgegebene Zeitschrift für neufranzösische Sprache und Litteratur mit besonderer Berücksichtigung des Unterrichts im Französischen auf deutschen Schulen (Oppeln, Franck, jährlich 1 Band, 1879 ff.) an. Eine Ergänzung zu dieser Zeitschrift sind die von den zuerst genannten beiden Gelehrten herausgegebenen **Französischen Studien** (Heilbronn, Gebr. Henninger; erscheinen in zwanglosen Heften, 1881—1885, Bd. I—V), bestimmt zur Aufnahme umfänglicherer Untersuchungen über Fragen der französischen Sprach- und Litteraturgeschichte. Vornehmlich sind es Dissertationen, die in den „Studien" zum Abdrucke kommen und die so leichter allen zugänglich gemacht werden sollen. In ähnlicher Weise haben sich noch andere zeitschriftenartige Publikationen als eines ihrer Ziele gestellt, einen Sammelplatz für Dissertationen abzugeben: ich nenne die **Romanischen Studien**, hrsg. von Ed. Böhmer (früher Straßburg, Trübner; jetzt Bonn, Weber. 1871-1883, Bd. I—VI), **Romanische Forschungen**, Organ für romanische Sprachen und Mittellatein. Hrsg. von K. Vollmöller (Erlangen, Deichert, in zwanglosen Heften, 1882 ff.), **Neuphilologische Studien**, hrsg. von G. Körting (Paderborn, Schöningh, in zwanglosen Heften, 1883 ff.), **Ausgaben und Abhandlungen aus dem Gebiete der romanischen Philologie**, veröffentlicht von E. Stengel (Marburg, Elwert, 1881 ff.), letztere beiden fast ausschließlich bestimmt zur Aufnahme von Arbeiten, die aus den romanischen Seminaren der Herausgeber hervorgegangen sind. Ganz eng umgrenzt — wie schon der Titel erkennen läßt — ist das Programm von zwei Zeitschriften: vom **Jahrbuch der deutschen Dante-Gesellschaft** (Leipzig, Brockhaus) und von dem durch H. Schweitzer (Wiesbaden, Selbstverlag) herausgegebenen, mit des Herausgebers Tode eingegangenen **Molière-Museum**. Kressners **Franco-Gallia** will ein kritisches Organ für Französisch sein. Von deutschen Zeitschriften ist endlich noch die bekannte **Zeitschrift für vergleichende Sprachforschung** zu erwähnen, die auch eine Reihe romanistischer Artikel von Ascoli, Häfelin, Mussafia, Schuchardt, Tobler u. a. enthält.

Wenn auch, wie oben bemerkt, auf dem Gebiete der romanisch-philologischen Forschung Deutschland lange Zeit die Führung übernahm, so erwachte doch auch bald, besonders seit den sechziger Jahren, bei den romanischen Nationen das Bewußtsein der Pflicht, auch ihrerseits um die Erforschung heimischer Sprache und Litteratur sich ernsthaft zu bemühen; und so sehen wir denn jetzt, besonders in Frankreich und Italien, spärlicher noch in Spanien, Portugal und Rumänien, zahlreiche Philologen, darunter Gelehrte ersten Ranges wie G. Paris, Meyer, Ascoli, D'Ancona, D'Ovidio, Monaci, Coelho, Hasdeu u. a., bestrebt, nicht hinter der deutschen Forschung zurückzubleiben. Dies Bestreben hat wiederum in der Gründung von einer Reihe Zeitschriften Ausdruck gefunden. Die vornehmste dieser außerdeutschen romanistischen Zeitschriften, an wissenschaftlichem Wert der Gröberschen ebenbürtig, reich an hervorragend wichtigen Beiträgen zur romanischen Sprach- und Litteraturgeschichte, ist die **Romania**. Recueil trimestrel consacré à l'étude des langues et des littératures romanes. hrsg. von P. Meyer und G. Paris (Paris, Vieweg, 1872 ff). Die zweite romanistische Zeitschrift Frankreichs, die **Revue des langues romanes**, hrsg. von der Société pour l'étude des langues romanes (**Montpellier** und **Paris**, 1870—1885, Bd. I—XXVIII), hat weit weniger wissenschaftliche Bedeutung als die Romania: neben ein paar tüchtigen Mitarbeitern, wie vor allen Boucherie und Chabaneau, macht sich der Dilettantismus breit, und allzuoft werden statt wissenschaftlicher Ziele andere, patriotische u. dergl. verfolgt. Aus **Italien** sind hier ferner zu nennen die Rivista di filologia romanza, hrsg. von **Manzoni, Monaci** und **Stengel** (Imola 1872—1876 I. II.), fortgesetzt durch das Giornale di filologia romanza, hrsg. von Ernesto Monaci (Rom, Löscher, 1878—1883, I—IV), Monacis Studj di Filologia romanza (Rom 1884 ff.), das neue Giornale storico della letteratura italiana, herausgegeben von A. Graf, F. Novati, R. Renier (Rom, Löscher; erscheint zweimonatlich), die Rivista critica della letteratura italiana (Florenz 1884 ff.), das fast ausschließlich der italienischen Dialektologie gewidmete Archivio glottologico italiano, hrsg. von G. J. Ascoli (Rom, Löscher, 1873—1885, I—VIII) und eine Zeitschrift für Volkskunde*), das Archivio per lo studio delle tradizioni popolari. Rivista trim., hrsg. v. **Pitrè** und **Salomone-Marino** (Palermo, Pedone Lauriel), alles Zeitschriften mit streng wissenschaftlicher Tendenz. — Außer diesen der romanischen Philologie in ausgesprochener Weise dienstbaren Zeitschriften wären aus romanischen Ländern zahlreiche andere Zeitschriften zu erwähnen, die — mit weiterem Programm — hier und da auch Artikeln über Fragen der romanischen Sprach- und Litteraturforschung ihre Spalten öffnen. Ich erwähne u. a. aus **Frankreich**: die Bibliothèque de l'école des chartes (Paris, Picard), die Mémoires de la Société de linguistique de Paris (Paris, Vieweg; enthält wertvolle Arbeiten von Joret, Meyer, Paris, Storm, Thomsen u. a.) und die Mémoires der verschiedenen antiquarischen und litterarischen Gesellschaften in Paris und den Provinzen; aus **Italien**: Il Propugnatore, Studii filologici, storici e bibliografici in appendice alla collezione di opere inedite o rare (Bologna, Romagnoli); N. Effemeridi Siciliane, Studi storici, letterari, bibliografici (Palermo, Pedone Lauriel), Nuova Antologia (Rom); Rassegna settimanale u. a. m.; aus der **iberischen Halbinsel**: Coelhos Revista d'ethnologia e de glottologia (Lissabon), desselben leider zu früh wider eingegangene Bibliographia critica de historia e litteratura (Porto 1874), Bragas und Bastos' Era Nova etc.; aus **Rumänien** endlich Hasdeus Columna lui Traian (Bukarest 1870 ff.), Negruzzis Convorbiri literare (Jassi, jetzt Bukarest 1867 ff.) und die neuerdings gegründete, ernst und wissenschaftlich gehaltene Revista pentru Istorie, Archeologie si Filologie von G. Tocilescu (Bukarest).

Eine brennende, oft diskutierte Frage der letzten Jahre ist die Frage über Umgestaltung des neusprachlichen Unterrichts auf Grund der vorgeschrittenen und erweiterten Erkenntnis des Sprachlebens und über die Art und Weise, wie sich die spätern Lehrer des Französischen und Englischen für ihren Beruf vorzubereiten haben. Aus der Unmenge von hierauf bezüglichen Broschüren hebe ich nur weniges heraus. Vor allen ist die Lektüre von G. Körtings Gedanken und Bemerkungen über das Studium der neueren Sprachen an deutschen Hochschulen (Heilbronn, Gebrüder Henninger) zu empfehlen, worin mit guten Gründen für eine rein wissenschaftliche Ausbildung neben der praktischen eingetreten wird, während von gegnerischer Seite durch Dr. Asher, Über den Unterricht in den neueren Sprachen auf unsern Universitäten und höheren Schulen (Berlin, Langenscheidt) in einseitig übertriebener Weise nur die Notwendigkeit der praktischen Ausbildung verlangt wird**). Im ganzen gesunde Ansichten werden in dem Artikel „Die Ziele und Wege des Unterrichts in den neueren Sprachen" (Päda-

---

*) Die zahlreichen periodischen Publikationen, welche dem Folk-lore gewidmet sind, können hier nicht alle namhaft gemacht werden. Ich erwähne noch: Mélusine, Rev. de myth., litt. pop., traditions et usages. hrsg. von Gaidoz und Rolland; Giambattista Basile (Neapel); Boletin folklórico español (Sevilla); Folk-lore Català (Barcelona) u. s. w.

**) S. über beide Zeitschr. f. n°r. Sprache u. Litteratur, Bd. IV, S. 2—29.

gogisches Archiv 1881, XXIII. Nr. 6) von E. Stengel vorgetragen, welchem freilich in dem, was er zu Gunsten der Realschulabiturienten vorbringt, nicht jeder beipflichten wird. In scharfer Weise zieht gegen die herrschende Methode des neusprachlichen Unterrichts der Anonymus Quousque tandem in seiner Broschüre Der Sprachunterricht muß umkehren (Heilbronn, Gebr. Henninger) zu Felde, und er wird in diesem Kampfe durch seine Gesinnungsgenossen K. Kühn, Zur Methode des französischen Unterrichts (Wiesbaden, Bergmann; auch Progr. des dortigen Realgymn. 1882) W. Vietor, Schriftlehre oder Sprachlehre? Zur Behandlung der neufranzösischen Laut- und Formenlehre in der Schule (Zschr. f. nfr. Spr. und Litt. II. S. 43 ff.), Trautmann, Bemerkungen über eine bessere Methode für den lautlichen Teil des neusprachlichen Unterrichts (Anglia I, 592—598) wirkungsvoll unterstützt. Ferner empfehle ich noch die Lektüre von W. Münch, Zur Förderung des französischen Unterrichts (Heilbronn, Henninger 1882), eine Schrift, die „zu dem Gediegensten gehört, was in den letzten Jahren über die Methode des Sprachunterrichts veröffentlicht worden ist", F. Franke, Die praktische Spracherlernung auf Grund der Psychologie und Physiologie der Sprache (Heilbronn 1883), H. Breymann, Der neusprachliche Unterricht an Gymnasien und Realschulen in dessen Schrift: Die Lehre vom französischen Verb auf Grundlage der historischen Grammatik (München, Oldenbourg), wozu man desselben Sprachwissenschaft und neuere Sprachen. Vortrag (München, Ackermann, 1876), sowie Wünsche und Hoffnungen, betreffend das Studium der neueren Sprachen an Schule und Universität (München 1885) noch vergleichen möge. Auch die Schriften von Ernst Martin, Das histor. Studium der neueren Sprachen und seine Bedeutung für den Schulunterricht zunächst in Baden (Freiburg, Wagner 1872), H. Behne, Vergl. Grammatik und ihre Verwertung für den neusprachlichen Unterricht an höheren Lehranstalten, zunächst auf dem Gebiete des Französischen (Progr. der Realschule zu Darmstadt 1882) und Hornemann, Zur Reform des neusprachlichen Unterrichts (Hannover 1885) enthalten manches Gute. Vgl. endlich auch O. Schulz, Das Latein beim französischen Unterricht auf der Quinta und Quarta der humanist. und Realgymnasien (Centralorgan für die Interessen des Realschulwesens 1885 6) und unten S. 24 und 47.

Sprache. Allgemeines. (Prinzipien der Sprachgeschichte; Lautphysiologie u. s. w.) Jeder, der sich mit irgend einer Sprache, welche es auch sein mag, wissenschaftlich beschäftigt, wird sich zuvörderst über einige allgemeine Begriffe Klarheit verschaffen müssen: über Wesen und Gesetze der Sprachentwickelung, über „das physiologische und psychologische Moment in der sprachlichen Formenbildung", über Begriffe wie Lautgesetz, Analogiebildung, Satzphonetik, kurz über die Prinzipien der Sprachgeschichte, die Methode sprachhistorischer Forschung. Eine Geschichte der Methode der Sprachforschung giebt B. Delbrück in seiner Einleitung in das Sprachstudium. Ein Beitrag zur Geschichte und Methodik der vergleichenden Sprachforschung (Leipzig, Breitkopf und Härtel, Indogermanische Grammatiken Bd. IV). Das Buch geht zwar nicht sehr tief in die einzelnen in Betracht kommenden Probleme und Fragen ein, ist aber doch immerhin geeignet, schnell über das Wichtigste zu orientieren, und empfiehlt sich wegen seiner gefälligen und leicht verständlichen Form besonders der Lektüre weiterer Kreise. Dem Zwecke einer solchen schnellen Orientierung über ein paar Hauptbegriffe aus der Methodik der Sprachforschung dient der populär gehaltene Vortrag von Herm. Osthoff, Das physiologische und psychologische Moment in der sprachlichen Formenbildung (Sammlung gemeinverständlicher Vorträge, hrsg. v. R. Virchow und Fr. v. Holtzendorff, Heft 327). In möglichster Kürze belehrt über die Methode der neueren Sprachforschung die lesenswerte Schrift von F. Masing, Lautgesetz und Analogie (Jahresbericht der St. Annenschule zu Petersburg, 1883), und über die Anwendung des Begriffs von Gesetzen auf die Sprache vgl. man L. Tobler, Vierteljahrsschrift für wiss. Philosophie III. Wem es aber nun eine wirklich gründliche Unterweisung in sprachwissenschaftlicher Methode zu thun ist, der studiere Hermann Paul, Prinzipien der Sprachgeschichte (Halle, Niemeyer, 1880.

Eine 2. Auflage geht in Druck). Das Buch gehört zu den bedeutendsten sprachwissenschaftlichen Werken des letzten Jahrzehnts: mit dieser ersten, den Gegenstand wirklich durchdringenden Prinzipienlehre kann man geradezu eine neue Epoche der Sprachforschung beginnen. Wenn auch die von Paul dargelegte Methode schon seit einiger Zeit durch eine Reihe von Linguisten in ihren Einzelforschungen gehandhabt wird, so war doch eine solche abstrakte Formulierung der allgemeinen Gesetze der Sprachentwickelung, eine solche Prinzipien- und Methodenlehre einmal notwendig, um die bei vielen Sprachforschern trotzalledem noch herrschende Unklarheit über die Elemente ihrer Wissenschaft zu beseitigen, um einen festen Grund für den Ausbau der linguistischen Methode zu legen, und um endlich durch den Nachweis, daß bei keinem Zweige der Kultur „sich die Bedingungen der Entwickelung mit solcher Exaltheit erkennen lassen als bei der Sprache" und daß es daher keine Kulturwissenschaft giebt, „deren Methode zu solchem Grade der Vollkommenheit gebracht werden kann wie die der Sprachwissenschaft", der letzteren die ihr gebührende hervorragende Stellung unter den Kulturwissenschaften anzuweisen. Gerne würde ich bei dem reichen Inhalt des prächtigen Buches etwas länger verweilen: doch würde das an dieser Stelle zu weit führen und sich nicht mit dem mir zu Gebote stehenden Raum vertragen. Nur ein paar Hauptsätze der in Pauls Prinzipien ausführlich dargelegten, von Delbrück, Mising, Osthoff u. a. kurz besprochenen Grundlehren der neuern, man darf wol sagen strengeren sprachwissenschaftlichen Methode seien hier jedoch verzeichnet (vgl. dazu v. a. Pauls Prinz. 56 ff. u. p., desf. Beiträge zur Geschichte der deutschen Sprache u. Litt. IV, 316 ff., VI, 1 ff.; ich werde Pauls präzis und klar gefaßte Sätze zum Teil getreu reproduzieren). Das Hauptaxiom ist das von der Ausnahmslosigkeit, von der konsequenten Wirkung der Lautgesetze: „Bei dem Lautwandel innerhalb desselben Dialekts werden alle einzelnen Fälle, in denen die gleichen lautlichen Bedingungen vorliegen, gleichmäßig behandelt. Entweder muß also, wo früher einmal der gleiche Laut bestand, auch auf den spätern Entwickelungsstufen immer der gleiche Laut bleiben (so kann lat. frater. pater. mater u. s. w. in gleicher Weise nur fr. frère, père, mère u. s. w. und nichts anderes ergeben), oder, wo eine Spaltung in verschiedene Laute eingetreten ist, da muß eine bestimmte Ursache anzugeben sein, warum in dem einen Falle dieser in dem andern jener Laut entstanden ist." Diese Ursachen sind (ich kann hier natürlich nur einiges andeuten) zum Teil rein lautlicher Natur, z. B. a) Einwirkung umgebender Laute: wenn lat. a in fr. père e ergeben hat, in main aber ai, so liegt hier eine Wirkung des nachfolgenden n vor; wenn lateinisch mēnsis französisch mois ergiebt, mercēdem aber merci, so ist die Entwickelung des i im letzten Falle unter Einfluß des vorausgehenden c erfolgt. b) Die Ursache ist in der verschiedenen Accentstärke, mit welcher die betr. Wörter bzw. Silben im Redezusammenhang auftreten können, zu suchen: afr. ọ *) (lat. ō ŭ) ergiebt betont neufranzösisch vor ursprünglich kurzer Konsonanz eu. z. B. douleur glorieux u. f. w.; in pour nous vous = afr. pẹr nọs vọs ist die davon abweichende Entwickelung aus dem proklitischen unbetonten Gebrauch der Wörter zu erklären (f. Paris, Romania X, 47); ebenso verhalten sich afr. seigneur : sicur (= seniorem), sendre : sire (= senior), moie : ma (= mea), fuers : fors (= foris) luem : on (= homo) u. f. w. als betonte zu unbetonten bezw. nebentonigen Formen). c) Die Stellung der Silbe im Satzzusammenhang kann mannigfaltig sein und somit eine mannigfaltige Entwickelung dieser Silbe bedingen. So wird z. B. der Auslaut eines Wortes je nach der Verschiedenheit des Anlauts der im Satzzusammenhang, Satztakte unmittelbar folgenden Silbe auch eine verschiedene Entwickelung einschlagen: bekannte Belege aus dem Neufranzösischen sind z. B. les_amis — le(s) frères, dit=il il di(t) u. dgl., ad illum ergiebt französisch vor Vokal à l', vor Konsonant au u. f. w. Die unter b) und c) besprochenen Doppelformen nennt man, da ihre Entstehung durch verschiedene Stellung innerhalb des Satzzusammenhangs bedingt ist, Satz-

*) ọ ẹ = geschlossenem o e.
  ǫ ę = offenem o e.

doppelformen, syntaktische oder satzphonetische Doppelformen. Über dies Prinzip der Satzphonetik vergl. außer Paul noch F. Neumann, Über einige Satzdoppelformen der französischen Sprache in Gröbers Ztschr. VIII. S. 243 ff. und S. 368 ff., besonders die einleitenden prinzipiellen Erörterungen. — Während in den eben besprochenen Fällen die Ursache der Spaltung eines Lautes in verschiedene Laute mehr physiologischer Natur*) war, haben sich andererseits gewisse von den Lautgesetzen abweichende Veränderungen auch auf rein und ausschließlich psychologischem Wege, durch Analogiebildung, Formassoziation eingestellt; d. h. der Sprechende formt ein Wort, das er gerade aussprechen will, nach dem Muster eines andern Wortes um, das aus irgend einem Grunde der Verwandtschaft, der Ideenassoziation in demselben Momente im Vorstellungskreise des Sprechenden auftauchen konnte: so dachte der Römer beim Aussprechen von sinister an sein Gegenteil dexter und machte aus jenem nach diesem Vorbild ein senexter; bei gravis dachte er an levis, und so entstand grevis (afr. grief; ist jemand im Begriff eine Singularform eines Verbaltempus auszusprechen, so fallen dem Sprechenden gleich die übrigen Formen ein, und so bildete man statt ich ward nach wir wurden ein ich wurde, nach trouvons statt trueve ein trouve; umgekehrt nach ich band statt wir bunden ein wir banden, nach j'aime statt amons ein aimons. Beim Aussprechen eines Kompositums, einer Ableitung erinnert man sich des Simplex und formt nach des letzteren Muster jene um; so perfactus (fr. parfait) statt perfectus nach factus. Derartige Analogiebildungen, durch welche die lautgesetzliche Entwickelung durchbrochen wird, giebt es in den romanischen Sprachen ebenso zahllose, wie in der Formenbildung aller übrigen Sprachen. Andre Abweichungen von den Lautgesetzen erklären sich als Folge einer Dialektmischung oder besser ausgedrückt als Folge der Entlehnung eines Wortes aus einem fremden Dialekt: so ist sacht der hochdeutschen Schriftsprache neben sanft aus dem Niederdeutschen, chevalier statt kevalier in altpikard. und altnorman. Texten aus den andern altfranzösischen Dialekten entlehnt u. dgl. m. Im Romanischen endlich sind viele Wörter mit einer von den gewöhnlichen Lautgesetzen abweichenden Form als teils alte, teils junge Entlehnungen aus dem neben den romanischen Sprachen lange Zeit in mannigfachen Gebrauch beharrenden traditionellen Latein aufzufassen: so afr. Den neben Dieu, diable (vgl. jour = diurnum), title (vgl. vieil = vetulus) u. s. w. Diese wenigen Andeutungen müssen hier genügen, um zu zeigen, wie strenge man es heutzutage mit dem Begriff „Lautgesetz" nimmt: in bestimmtem Sinne durchaus konsequent, ausnahmslos wirken die Lautgesetze**), und wo scheinbar Ausnahmen, Ausweichungen vorliegen, wo scheinbar Vielfältigkeit oder Inkonsequenz der Behandlung eines und desselben Lautes unter denselben Bedingungen sich findet, da haben dieselben stets ihre bestimmte Ursache: daß diese Ursachen noch nicht überall erkannt sind, das darf zu Zweifeln an der absoluten Gesetzmäßigkeit der Lautbewegung keinen Anlaß geben, ebensowenig wie der Naturforscher an der Gesetzmäßigkeit in der Natur zweifeln und dem Zufall eine Wirkung zuschreiben darf, weil noch nicht alle Naturgesetze erkannt sind. Durch diese Strenge der Methode erhebt sich die Grammatik erst zu dem Range einer wirklichen Wissenschaft, dadurch kommt sie eben der naturwissenschaftlichen Evidenz nahe, dadurch ist sie in Bezug auf Sicherheit ihrer Resultate allen andern historischen Wissenschaften so sehr überlegen. Dieses Vertrauen zu der absoluten Gesetzmäßigkeit der Lautbewegung dient ihr wie jeder Naturwissenschaft als Fundament, auf welchem sie aufgebaut wird. Es wird ihr dadurch das Ziel gesteckt, alle lautlichen Veränderungen unter Gesetze unterzubringen, die mit absoluter Konsequenz wirken. Dieses Ziel dient aber zugleich als

---

*) Das zu einem gewissen Grade auch psychologisch; doch kann ich hier nicht darauf eingehen. S. Paul a. a. O.

**) Mit Ausnahme einer kleinen Gruppe ganz eigen gearteter Lautveränderungen (Metathese u. dgl.), die im Gegensatz zum sonstigen Lautwandel nicht auf einer Verschiebung des Bewegungsgefühls beruhen; s. Brugmann, Zum heutigen Stand der Sprachw. S. 50.

Prüfstein für die Richtigkeit der aufgestellten Gesetze und liefert die Probleme, welche durch die Forschung zu lösen sind (Paul). Doch ich muß die durch Pauls Buch angeregten Betrachtungen hier abbrechen, und ich kann dies um so mehr, als doch ein jeder sich das Buch selbst einmal zur Hand nehmen muß. Denn kein Sprachforscher, mag er sich nun mit germanischen oder romanischen oder sonst welchen Idiomen beschäftigen, wird, wenn er es ernst meint, die Lektüre des Paulschen Buches umgehen können*). — Lesenswert ist auch ein Aufsatz von Misteli, Lautgesetz und Analogie in Lazarus' und Steinthals Zeitschr. f. Völkerpsychologie und Sprachwissenschaft XI und XII, wie denn überhaupt diese Zeitschrift eine Reihe wichtiger Beiträge zur Lehre vom Wesen der Sprachentwickelung enthält, besonders aus der Feder von H. Steinthal, dessen Abriß der Sprachwissenschaft I. Tl. Die Sprache im allgemeinen. A. u. b. T: Einleitung in die Psychologie und Sprachwissenschaft. 2. Aufl. 1. (Berlin, Dümmler 1880) und Gesammelte kleine Schriften I. Sprachwissenschaftliche Abhandlungen und Rezensionen (ebb.) hier gleichfalls zur Lektüre empfohlen sein sollen. Ebenso sei noch der trefflichen Untersuchungen über die Grundfragen des Sprachlebens von Ph. Wegener (Halle 1885) und Brugmanns Zum heutigen Stand der Sprachwissenschaft (Straßburg 1885), gedacht. Von älteren allgemeinen Werken über Sprachwissenschaft sind wol lesenswert noch W. D. Whitneys Vorlesungen über die Prinzipien der vergleichenden Sprachforschung, für das deutsche Publikum bearbeitet und erweitert von Dr. Julius Jolly (München 1874) und desselben Leben und Wachstum der Sprache. Deutsch von A. Leskien (Leipzig, Brodhaus 1876).

Für Ausbildung der Fähigkeit, fremde (hier also romanische) Laute richtig mit dem Ohr aufzufassen, mit den Sprachwerkzeugen richtig wiederzugeben und in einer jedem verständlichen Weise zu beschreiben, für eine ersprießliche Aussprachelehre, für Transskription fremder Laute, für genaue Unterscheidung und Abgrenzung der Lautnuancen, für eine richtige Erkenntnis des Wesens wie der Artikulation der Laute, der aus ihrer Berührung untereinander resultierenden Erscheinungen, des Wesens, der Arten und des Einflusses des Accents und seiner Bedeutung für den Bau der Silben, Worte und Sätze, für eine richtige Beurteilung historisch beobachtbarer oder methodisch erschlossener Lautübergänge, für richtige Würdigung der physiologischen Bedingungen und allgemeinen Prinzipien solchen Lautwandels u. dgl. m., für all das sind tüchtige allgemein phonetische, lautphysiologische Kenntnisse eine unumgängliche Vorbedingung und notwendige Grundlage**). Diese Kenntnisse erwirbt sich der angehende Romanist (abgesehen von den hier wünschenswerten, ja notwendigen praktischen Beobachtungen) jetzt am besten aus Eduard Sievers, Grundzüge der Phonetik. Zur Einführung in das Studium der Lautlehre der indogermanischen Sprachen. Dritte, wesentlich umgearbeitete und vermehrte Auflage der „Grundzüge der Lautphysiologie" (Leipzig, Breitkopf und Härtel 1885. Indogerm. Grammatiken Bd. I***), ein Werk, dem Ernst Brückes zu ihrer Zeit vortrefflichen Grundzüge der Physiologie und Systematik der Sprachlaute (Wien 1856, 2. Aufl. 1876) jetzt entschieden nachstehen und dem als gleichwertig nur etwa des Engländers†) H. Sweet Handbook of Phonetics (Oxford 1877) an die Seite gestellt werden kann. Prak-

---

*) Einen, meiner Ansicht nach freilich mißglückten, aber trotzdem höchst beachtenswerten Versuch einer Widerlegung der in Pauls Buch niedergelegten Prinzipien unternahm in unseren Tagen H. Schuchardt, Über die Lautgesetze. Gegen die Junggrammatiker. Berlin 1885. Vgl. dazu Paul im Litteraturblatt 1886, 1. und besonders die demnächst erscheinende 2. Auflage seiner Prinzipien. [Vgl. jetzt auch Gröbers Grundriß S. 209 ff.].

**) Einige Bemerkungen über Geschichte der Lautphysiologie findet man bei Brücke in seinem gleich zu nennenden Werke, eine ziemlich vollständige Bibliographie in Sievers' Phonetik.

***) Vgl. Storms Engl. Philologie S. 32 und Hofforys Streitschrift (Berlin 1884).

†) Gerade die Engländer haben auf dem Gebiete der Lautphysiologie tüchtige Leistungen aufzuweisen, auf die sich Sievers in der Phonetik auch vielfach stützt. Ich nenne Namen wie Ellis, Bell, deren Werke man bei Sievers a. a. O. aufgeführt findet.

tische Beobachtungen an den einzelnen Teilen des Sprachorgans müssen, wie bemerkt, mit der Lektüre derartiger Werke verbunden werden. Da aber nicht jeder gleich Gelegenheit hat, die Sprachorgane und ihre Thätigkeit bei Hervorbringung von Sprachlauten am lebenden Individuum oder an anatomischen Präparaten zu studieren, so muß er sich durch Abbildungen und Beschreibungen Ersatz dafür schaffen. Man findet solche in jedem anatomischen oder physiologischen Handbuch. Für die Zwecke des Sprachstudiums ist aber besonders empfehlenswert die an guten Abbildungen reiche Physiologie der menschlichen Sprache: physiologische Laletik (Leipzig 1866) von C. L. Merkel, der 1856 auch eine Anatomie und Physiologie des menschlichen Stimm= und Sprachorgans (Anthropophonik) erscheinen ließ; ferner empfehle ich das schon alte, aber immer noch brauchbare Buch von W. v. Kempelen, Mechanismus der menschlichen Sprache und Beschreibung seiner sprechenden Maschine (Wien, 1791), Text und Atlas in F. Techmer, Phonetik (2 Bde., Leipzig 1880). Endlich vgl. man auch die neueste Litteratur bei P. Grützner, Physiologie der Stimme und Sprache in L. Hermanns Handbuch der Physiologie II a. (Leipzig 1879). — Die lautphysiologischen Studien haben eine sich im Augenblick vollziehende Umgestaltung der Aussprachelehre im neusprachlichen Unterricht zur Folge gehabt. Es sind zahlreiche Schriften erschienen, um diese Umgestaltung zu fördern (vgl. auch oben S. 414). Vor allem sind zwei Bücher zu nennen: W. Vietor, Elemente der Phonetik und Orthoepie des Deutschen, Englischen und Französischen. Mit Rücksicht auf die Bedürfnisse der Lehrpraxis (Heilbronn 1884) und M. Trautmann, Die Sprachlaute im allgemeinen und die Laute des Englischen, Französischen und Deutschen im besondern (Leipzig 1884), von welchen zwei Büchern besonders das erstere dem Anfänger sehr zu empfehlen sein dürfte. Über die hauptsächlichsten Resultate der Lautphysiologie mit Rücksicht auf unsere Schulen handelt Karl Deutschbein im Archiv f. d. Studium der neuern Sprachen und Litt. LXX. 39–72. Vietor und Trautmann haben in der bezeichneten Richtung auch durch verschiedene Aufsätze in der Ztschr. für neufranzösische Sprache, den Engl. Studien, der Anglia zu wirken gesucht (s. o. S. 20). Außerdem vgl. A. Schröer in der österr. Ztschr. für das Realschulwesen VII, 5. u. 6. Heft (auch separat Berlin, Springer), Breymann, Über Lautphysiologie und deren Bedeutung für den Unterricht (München 1884), Klinghardt in den Engl. Stud. Bd. VIII S. 287; vgl. auch Päd. Archiv 1885, 8. Gegen die Einführung der Lautphysiologie in die Schule erklärte sich u. a. F. Lütgenau, der in Herrigs Archiv LXXII S. 59 ff. lesenswerte physiologische Untersuchungen über das neufranzösische Lautsystem veröffentlichte.

Da die rom. Sprachen die Fortsetzung des Latein, spezieller des Vulgärlatein sind, so ist selbstverständlich dem Romanisten eingehende Kenntnis der lateinischen Grammatik und Sprachgeschichte notwendig: lat. und rom. Sprachgeschichte sind im Grunde ein Ganzes von ungestörter Continuität. Außerdem thut der Romanist gut, wenn er seinen grammatischen Studien eine möglichst breite Basis geben will, sich mit den wichtigsten Resultaten der vergleichenden indogermanischen Sprachforschung bekannt zu machen und zu diesem Zwecke die bedeutenderen Arbeiten aus diesem Gebiete zu studieren. Es ist ja bekannt, daß die Beschäftigung mit der einen oder andern indogermanischen Sprache für den Romanisten deswegen schon von Bedeutung ist, weil von denselben eine bedeutende Einwirkung auf romanische Sprachentwickelung ausgegangen ist; so ist das Studium deutscher Sprachgeschichte (bes. der ältern Entwickelungsstufen) notwendig für eine richtige Beurteilung der deutschen Elemente in den rom. Sprachen, wie andererseits erst ein eingehenderes Studium des Keltischen uns befähigen wird, das Maß des keltischen Einflusses auf romanische Sprachentwickelung sicherer und bestimmter abzuschätzen, als bislang geschehen ist. (Vgl. besond. Thurneysen, Keltoromanisches, Halle 1884; Ascoli, Una lettera glottologica in Riv. di fil. e d'istr. classica X. 1; auch separat Turin 1881). Aber ganz abgesehen von diesem speziellen Nutzen, den das Studium des Germanischen und Keltischen gewährt, ist die Beobachtung der Entwickelung anderer indogermanischer Sprachen geeignet, durch den Vergleich auf manche romanische Spracherscheinung neues Licht zu werfen. Man vergleiche z. B. die Entstehungsgeschichte der altgriechischen Schrift- und Kunstsprache, wie sie für litterarischen Ausdruck sich festsetzte, mit ihrer eigentümlichen Mischung der Dialekte und die Entwickelung der prov. Troubadoursprache. Mit diesem Hinweis auf die Bedeutung und Wichtigkeit des Studiums indogermanischer Grammatik für den Romanisten muß ich mich begnügen, eine Aufzählung der Hilfsmittel dieses Studiums kann nur Sache eines besondern Artikels sein.

Latein, spez. Vulgärlatein*). Ich nenne zunächst einige Arbeiten, die im allgemeinen von der Verbreitung des Lateins in den jetzt romanischen Ländern, d. h. also von der äußern Geschichte der lateinischen Sprache handeln. Ein Artikel von G. Paris, der in dieser Richtung liegende Fragen erörtert, findet sich Romania I S. 1—22: Romani. Romania. lingua romana. romancium. Das Thema wurde dann weiter behandelt in zwei fast gleichzeitig erschienenen Büchern, die sich in mancher Beziehung gegenseitig ergänzen: Budinszky, Die Ausbreitung der latein. Sprache über Italien und die Provinzen des römischen Reiches (Berlin 1881) und Jung, Die romanischen Landschaften des römischen Reichs (Innsbruck 1881); das erstgenannte Buch orientiert schnell über das Wichtigste, ohne tiefer einzudringen und ohne wesentlich Neues beizubringen; die Arbeit von Jung basiert auf einem weit umfassenderen Material als die Budinszkys, es ist aber Jung nicht gelungen dies Material genügend zu verarbeiten, zu sichten und zu ordnen.

Einige allgemeinere Fragen und Probleme aus der inneren Geschichte der lateinischen Sprache behandelt Franz Eyssenhardts Römisch und Romanisch. Ein Beitrag zur Sprachgeschichte (Berlin, Vornträger 1882), doch ist vor der Lektüre des Buches zu warnen: es ist in den meisten Beziehungen verfehlt (vgl. Havet in der Revue critique 1882, 28; G. Paris in der Romania XI, 418 ff.). K. Sittls Die lokalen Verschiedenheiten der lateinischen Sprache mit besonderer Berücksichtigung des afrikanischen Lateins (Erlangen, Deichert 1882) begiebt sich auf ein bis dahin noch kaum angebautes Gebiet, das der vulgärlateinischen Dialektologie: als ein erster Beitrag zu einer solchen verdient das Buch Beachtung, soviel des Verfehlten es auch sonst enthalten mag. (S. Schuchardt u. G. Meyer in Ztschr. f. rom. Phil. VI, 608) Vgl. auch P. Geyers Beiträge zur Kenntnis des gallischen Latein in Wölfflins Archiv II, 1.

Wenn ich jetzt zur Aufzählung der wichtigsten Arbeiten über lateinische Grammatik übergehe, so muß ich zunächst die Bemerkung vorausschicken, daß es eine wirklich vergleichend-historische lateinische Grammatik, welche die lateinische Sprache in den verschiedenen Phasen ihrer Entwickelung von den ältesten Zeiten bis zu dem Zeitpunkte, wo die romanischen Sprachen einsetzen und somit die Arbeit des Romanisten die des Latinisten abzulösen hätte, darstellen und die einzelnen Wandlungen durch Vergleichung mit andern indogermanischen Sprachen beleuchten müßte, noch nicht giebt. Für eine solche Grammatik, die ein dringendes Desiderium sowol der klassischen als der romanischen Philologie ist, liegen bislang nur erst teils größere, teils kleinere Vorarbeiten vor, von denen die bedeutendsten und die den Romanisten besonders interessierenden im folgenden genannt sein sollen.

Besonders förderlich und anregend ist in der in Frage stehenden Richtung die akademische und litterarische Thätigkeit von Prof. E. Wölfflin in München: von ihm und seinen Schülern liegen eine Reihe vortrefflicher Beiträge zur lateinischen Sprachgeschichte vor. Dieselben erschienen zum Teil in dem unter Wölfflins Leitung stehenden Archiv für lateinische Lexikographie und Grammatik mit Einschluß des ältern Mittellateins. Von dieser Zeitschrift, die eine Vorarbeit zu einem Thesaurus Linguae Latinae sein soll, ist eine ungemeine Förderung der lateinischen lexikographischen wie grammatischen Studien zu erwarten.

---

*) Vgl. E. Hübner, Grundriß zu Vorlesungen über die lateinische Grammatik (2. Aufl. Berlin 1880. Weidmann), eine ziemlich ausführliche Bibliographie.

Von umfassenderen Darstellungen der lateinischen Grammatik nenne ich nur die die sprachlichen Thatsachen ziemlich ausführlich verzeichnende, im übrigen aber weder eigentlich sprachhistorische noch sprachvergleichende Arbeit von R. Kühner: Grammatik der lateinischen Sprache (2 Bde., Hannover 1877 f.). Ferner verweise ich auf die kurz die Resultate der Forschung zusammenfassende willkommene Lateinische Laut- und Formenlehre von F. Stolz in J. Müllers Handbuch der klassischen Altertumswissenschaft, II, 1 (Nördlingen 1885), eine im ganzen allerdings mehr sprachvergleichende als sprachhistorische Darstellung, der jedoch hie und da eine gewisse (vielleicht durch die angestrebte Kürze veranlaßte) Dunkelheit und Unklarheit, sowie ein oft unkritisches und allzuschnell zum Annehmen geneigtes Verhalten des Verfassers gegenüber den Ansichten anderer Gelehrten zum Schaden gereicht. An die Arbeit von Stolz schließt sich eine Syntax von Schmalz an. — Über lateinische Lautlehre besitzen wir zwei umfänglichere Werke: ein älteres von W. Corssen, über Aussprache, Vokalismus und Betonung der lateinischen Sprache (zuerst 1858, 2. Aufl. Leipzig 1868 f.), ein Buch, das in den Resultaten zwar vielfach Verfehltes enthält, andererseits aber als reiche, wenn auch nicht immer glücklich geordnete Materialiensammlung noch heute einen hervorragenden Platz einnimmt. Auf Grund unserer vorgeschrittenen allgemein phonetischen und sprachgeschichtlichen Kenntnisse unternahm in unsern Tagen Emil Seelmann eine erneute Darstellung der „Aussprache des Latein nach physiologisch-historischen Grundsätzen" (Heilbronn 1885), ein Buch, das sich wegen der steten Berücksichtigung der romanischen Lautlehre dem Romanisten besonders empfiehlt. Das Werk bezeichnet in vielen Beziehungen einen bedeutsamen Fortschritt über Corssen: wo es sich um Lautbeschreibung, physiologische Darstellung, Interpretation der lateinischen Grammatikerzeugnisse handelt, da ist es eine vortreffliche Grundlage für weitere Forschung; dagegen sind die sprachgeschichtlichen und sprachvergleichenden Erörterungen unendlich oft gänzlich verfehlt (vgl. W. Meyer, Wochenschr. f. klass. Phil. 1885, 19; G. Meyer, Ztschr. f. d. österr. Gymn. 1885 S. 272 ff.). Ich nenne ferner als besonders lesens- und beachtenswert: W. Schmitz, Beiträge zur lateinischen Sprach- und Litteraturkunde (Leipzig 1877); H. Jordan, Kritische Beiträge zur Geschichte der lateinischen Sprache (Berlin 1879); Fr. Schöll, De accentu linguae latinae im 6. Bande der Acta Soc. phil. Lips.; W. Foerster, Bestimmung der lateinischen Quantität aus dem Romanischen (Rhein. Museum XXXIII); A. Marx, Hilfsbüchlein für die Aussprache der lateinischen Vokale in positionslangen Silben (Berlin 1883; nützlich, wenn auch nicht überall zuverlässig). — Über lateinische Flexionslehre handelt Corssen in „Kritische Beiträge zur lateinischen Formenlehre" (Leipzig 1863) und in „Kritische Nachträge zur lateinischen Formenlehre" (ebd. 1866), Arbeiten von denen das gleiche Urteil gilt, wie von Corssens Lautlehre. Eine die flexivischen Thatsachen in möglichster Vollständigkeit registrierende, im ganzen zuverlässige Arbeit verdanken wir F. Neue: Formenlehre der lateinischen Sprache. (Bd. I Stuttgart 1866. 2. Aufl. Berlin, Calvary 1877. Bd. II zuerst Mitau 1861, 2. Aufl. Berlin 1875. Register von C. Wagener, Berlin 1877.) Von Spezialuntersuchungen zur lateinischen Formenlehre seien nur noch ein paar den Romanisten nahe angehende Arbeiten erwähnt: Ph. Thielmanns treffliche Untersuchung über Habere mit dem Infinitiv und die Entstehung des roman. Futurums (Wölfflins Archiv II, 1. 2), desselben Arbeit über Habere mit dem Part. Perf. Passivi (ebd. II, 3. 4), K. Sittls De linguae latinae verbis incohativis (ebd. I, 4) und von demselben: „Zur Beurteilung des sog. Mittellatein: Der Untergang der lateinischen Deklination" (ebd. II, 4).

Den Romanisten interessiert speziell die Gestaltung und Entwickelungsgeschichte des Vulgärlateins, jenes rustiken, plebejischen Lateins, wie es vom Volke selbst gesprochen und in die Provinzen verpflanzt wurde, um sich dann dort zu den einzelnen roman. Sprachen weiterzugestalten. Die Quellen, aus denen wir dieses Vulgärlatein kennen lernen, sind, abgesehen von der Rekonstruktion aus dem Romanischen, mannigfacher Natur. Einmal findet sich viel Vulgäres bei Schriftstellern wie Plautus, Petron u. a., so daß man mit

Recht einmal behaupten konnte, ein Herausgeber des Plautus müsse mit den romanischen Sprachen als der letzten Entwickelungsphase seiner Rusticitas vertraut sein. Weitere Quellen sind die lateinischen (besonders die christlichen) Inschriften älterer und jüngerer Zeit bis zum 8. Jahrhundert in den verschiedenen romanischen Ländern, die ein bestimmt datiertes und lokalisiertes Sprachmaterial liefern, die lateinischen Urkunden und Formulae bis zum 8. Jahrhundert, die ganze spätlateinische Litteratur, wie sie in den Werken der Kirchenväter, in den Bibelübersetzungen u. s. w. vorliegt, die Orthographie zahlreicher Codices der lateinischen Litteratur, endlich die gelegentlichen Zeugnisse der lateinischen Grammatiker, die zu wiederholtenmalen auf rustike Wortformen und Redewendungen aufmerksam machen, indem sie dieselben als „schlechtes" Latein, das von der gebildeten Rede zu meiden sei, brandmarken. Über diese Quellen des Vulgärlateins, auf die ich hier natürlich nicht näher eingehen kann, orientiert gut ein denselben gewidmetes Kapitel in Schuchardts gleich zu nennendem Werke. Außerdem ist sehr zu empfehlen die Lektüre der vortrefflichen Bemerkungen über das Vulgärlatein von Ed. Wölfflin (Philologus XXXIV, S. 137 ff.) Im ersten Teile derselben wird gerade über die Quellen gehandelt und der Nachweis geliefert, wie selbst bei Schriftstellern geschulter Observanz Rustikes oft genug angetroffen wird, so besonders bei den Epistolographen, in den Romanen, Komödien, Satiren, zum Teil auch bei den Historiographen, endlich bei technischen Schriftstellern wie Vitruv und den Agrimensoren. Im zweiten Teile geht Wölfflin auf einen speziellen Punkt der vulgärlateinischen Grammatik (Ableitung und Zusammensetzung) ein. Ich nenne hier noch Ausgaben von Quellen des Vulgärlateins. Leicht zugängliche Proben findet man in Paul Meyers Recueil d'anciens textes bas-latins, provençaux et français (Paris, Vieweg 1874, S. 1—22). So u. a. orthographische Vorschriften aus dem bekannten „Appendix" des Probus (vollständig in den Grammatici latini ex recensione H. Keilii IV, S. 197 ff.), wo unter der Form vetulus non veclus u. s. w. an zweiter Stelle vulgärlateinische Wortformen verzeichnet werden; ein paar Inschriften (vgl. dazu Le Blant, Inscriptions chrétiennes de la Gaule, Paris 1857—1865, 4°. 2 Bde.; Rossi, Inscr. christianae urbis Romae septimo saeculo antiquiores, Rom 1857, und desselben Roma sotterranea, ebb. 1861—1877, 3 Bde.; E. Hübner, Inscr. Hispaniae christianae, Berlin 1871, und endlich überhaupt das ganze bekannte Corpus inscriptionum latinarum); ferner Formulae (vgl. dazu Formulae Andegavenses in Giraud, Essai sur l'Histoire du droit français t. II und Recueil général des Formules usitées dans l'empire des Francs avant le Xe siècle von De Rozières; Formulae Baluzianae in Capitt. reg. Franc. II; A. Boucherie, Cinq formules rhythmées et assonancées du septième siècle, Paris, Maisonneuve 1867); endlich Glossen (vgl. dazu Fr. Diez, Altromanische Glossen berichtigt und erklärt, Bonn 1865; auch französisch Anciens glossaires romans corrigés et expliqués; trad. par A. Bauer, Paris 1870). Von dem eben schon genannten A. Boucherie verzeichne ich hier noch ein paar weitere Publikationen: Mélanges latins et bas-latins in Revue des langues romanes VII; Fragm. d'un commentaire sur Virgile. ebb. VI; Form. de conjuration antérieures au IXe siècle, ebb. V; La vie de Ste. Euphrosyne, texte romano-latin du VIII—IXe siècle. ebb. II.

Das gründlichste Werk, das wir über das Vulgärlatein besitzen*), ist das von Hugo Schuchardt, Vokalismus des Vulgärlateins (3 Bde., Leipzig 1866—1868). Das Werk will hauptsächlich eine Sammlung von Materialien sein, will erst die Bausteine zusammentragen und aufschichten für den noch aufzuführenden Bau einer vulgärlateinischen Grammatik. Das Schuchardtsche Material wird — wenn auch in mancher Beziehung Vorsicht bei Benutzung desselben geboten erscheint — doch lange noch Grundlage und Ausgangspunkt für Studien über vulgärlateinische Lautlehre sein. Dem

---

*) Vgl. übrigens Schuchardt I S. 41 ff., Hübner a. a. O. 13 und die Berichte von E. Ludwig, Bursians Jahresbericht 1876, 2 S. 239 ff.; 1877, 2 S. 84 ff.; Sittl, 1884, 3 S. 317 ff.

Kommentar hat Schuchardt nur knappen Raum zugewiesen, aber immerhin soviel, um durch kurze Vergleiche aus den romanischen Sprachen, kleine sprachhistorische Exkurse, Bemerkungen und Andeutungen zu zeigen, in welcher Weise sich das Material zur Gewinnung sprachgeschichtlicher Resultate verwerten läßt. Das Buch enthält mehr, als der Titel verspricht. Wenn auch den Hauptraum die Lehre von den Vokalen einnimmt, so ist doch auch das Wesentlichste des Konsonantismus teils im fünften Kapitel der Einleitung, teils hier und da gelegentlich besprochen worden. Auch die wichtigsten Erscheinungen aus Flexion und Wortbildung finden Berücksichtigung, Syntax und Lexikographie werden nicht vergessen. Überall hat Schuchardt bald nur kurz andeutend, bald etwas näher eingehend die Wege der Forschung klar vorgezeichnet, überall nachhaltige Anregung diese Wege zu beschreiten gegeben. — Neben dem Schuchardtschen Werke sind besonders lobend hier zu erwähnen die Arbeiten von Hermann Rönsch über das Latein der Bibelübersetzungen. Zunächst sein Hauptwerk, betitelt „Itala und Vulgata. Das Sprachidiom der urchristlichen Itala und der katholischen Vulgata unter Berücksichtigung der römischen Volkssprache erläutert" (2. Aufl. Marburg 1875). Auch im wesentlichen eine Materialiensammlung ohne viel Kommentar; aber als solche wegen ihrer Vollständigkeit und Zuverlässigkeit höchst wertvoll: die verschiedenen Erscheinungsformen der vulgären Sprache sind nach Endung, Bildung, Beugung, Bedeutung, grammatischer Struktur, Schreibung u. s. w. vorgeführt mit vergleichender Hinzuziehung anderer in verwandter Weise vulgarisierender Schriftsteller. Die Hauptresultate hat Rönsch am Schluß (S. 471 ff.) in einer „Kurzen Charakteristik der Volkssprache" niedergelegt. Diesem größeren Werke ließ Rönsch eine große Zahl kleinerer Artikel folgen, von denen wenigstens die wichtigsten hier genannt sein sollen: Das Buch der Jubiläen oder die kleine Genesis (Leipzig 1874); Studien zur Itala (Hilgenfelds Zeitschr. f. wissenschaftliche Theologie 1875, 425 ff.; 1876, 287 ff., 397 ff.). Erwähnt seien hier auch gleich Rönschs etymologische Beiträge: Nachlese auf dem Gebiete romanischer Etymologie (Jahrb. f. rom. u. engl. Sprache u. Litteratur XIV, 173 ff.; 336 ff.; XV, 198 f.; Zeitschr. f. rom. Phil. I, 440 ff. u. s. w.). Wo Rönsch sich damit begnügt, zu schon aufgestellten Etymologien neue Belege aus dem Plattlatein zu geben, hat seine Arbeit Wert; wo er darüber hinausgeht um Eignes zu bieten (z. B. craindre = crinem erigere oder cor angere), erregt er nur zu oft Widerspruch: da zeigt sich stets unzulängliche Kenntnis der historischen Entwickelung der romanischen Sprachen. Ich nenne ferner L. Zieglers Ausgabe der Italafragmente der Paulinischen Briefe (Marburg 1876), bes. wegen Abschnitt II, der über Orthographisches und sprachliche Eigentümlichkeiten handelt. — Als letzter, aber als einer der besten Arbeiten über Bibellatein, sei hier gedacht des gut orientierenden Artikels von J. N. Ott, Die neuern Forschungen im Gebiete des Bibellatein. (Neue Jahrbücher für Phil. und Päd. 1874, 757 ff., 833 ff.). — Das an Bulgarismen reiche, in seiner Entwickelung eigenartige Latein der Kirchenväter hat seinen Historiker gefunden in G. Koffmane, Geschichte des Kirchenlateins, I, 1. Entstehung und Entwickelung des Kirchenlateins bis Augustinus-Hieronymus (Breslau 1879).

Ziemlich zahlreich sind die Arbeiten, die über das Verhältnis des Vulgärlateins zum Romanischen handeln*). Da ist zuvörderst eine Reihe von Aufsätzen aus der Feder des Nestors der vergleichenden Sprachforschung A. Pott zu erwähnen: 1) Plattlatein und Romanisch in Kuhns Zeitschr. f. vergl. Sprachforsch. I, 309 ff., 385 ff.; 2) Das Latein im Übergang zum Romanischen in Zeitschr. f. Altertumswissenschaft XI (1853), 481 ff., XII (1854), 219 ff., 233 ff. (Dieser Aufsatz ist besonders zur Lektüre zu empfehlen); 3) Romanische Elemente in den langobardischen Gesetzen in Kuhns Zeitschrift XII, 161 ff., XIII, 321 ff. (Vgl. dazu Friedr. Bluhme, Die Gens Langobardorum II: Ihre Sprache, Bonn 1874, und auch G. Waitz, Über die Sprache der Hist. Langobardorum des Paulus in Neues Archiv für ältere deutsche Geschichte I, 1876, S. 535 f.); 4) Romanische Elemente in der Lex Salica in Höfers Zeitschr. für Wissenschaft der Sprache III, 113 ff. Diese Aufsätze verdienen noch heute

[*) Vgl. jetzt noch Storm, Encyclop. Britan. XX, 661 ff.]

Anerkennung, „wenn freilich auch zu bedauern ist, daß das reichlich von allen Seiten zuströmende Material keine übersichtliche Anordnung gefunden hat" (Schuchardt, Vok. I, 42). Vgl. auch Ascoli, Lateinisches und Romanisches in Kuhns Zeitschrift XVI, 119 ff., 196 ff.; XVII, 241, 321, 353; XVIII, 417 ff. — Eine erschöpfendere Darstellung des Verhältnisses vom Vulgärlatein zum Romanischen versuchte A. Fuchs, Die romanischen Sprachen in ihrem Verhältnis zum Latein (Halle 1849), ein für seine Zeit höchst bedeutendes, auch heute noch nicht ganz wertloses Buch. Auf die romanischen Sprachen, speziell das Französische, nimmt auch O. Rebling in seinem ganz gut gelungenen Versuch einer Charakteristik der römischen Umgangssprache mit Beschränkung auf das syntaktische und lexikalische Gebiet (Jahresbericht über die Kieler Gelehrtenschule 1873; in 2. Auflage Kiel 1882) oft Bezug. — In einer Reihe von Schriften werden einzelne Kapitel aus der vulgärlateinisch-romanischen Grammatik behandelt. So erhalten wir einen Beitrag zur lateinisch-romanischen Lautlehre durch D'Arbois de Jubainville, La phonétique latine de l'époque mérovingienne et la phonétique française du XI⁰ siècle dans le St. Alexis (Romania I, 318 ff.). Ganz vortreffliche Erörterungen über Fragen der vulgärlateinischen Laut- und Formenlehre von G. Gröber findet man in Wölfflins Archiv I, S. 204 ff. D'Arbois de Jubainville lieferte in seinem Buche La déclinaison latine en Gaule à l'époque mérovingienne. Etude sur les origines de la langue française (Paris 1872) einen Beitrag zur Beurteilung der vulgärlateinischen Nominalflexion und des Verhältnisses zwischen lateinischer und romanischer Deklination. Doch während D'Arbois de Jubainville eine eigentliche Erörterung über den Gegenstand nicht giebt*), sondern sich darauf beschränkt, das Material aus meroving. Urkunden zusammenzustellen, geht eine fast gleichzeitig erschienene Schrift des Italieners Francesco D'Ovidio, Sull' origine dell' unica forma flessionale del nome italiano (Pisa 1872) tiefer und gründlicher auf die betreffenden Fragen und Probleme ein, indem er sich dabei nicht bloß — wie der Titel vermuten läßt — auf das Italienische beschränkt, sondern auch auf das Gemeinromanische gebührende Rücksicht nimmt. An D'Ovidios Schrift schlossen sich, der großen Bedeutung des Gegenstands entsprechend, eine Reihe umfänglicher Rezensionen an, die neben dem Buche nicht ungelesen bleiben dürfen. Man lese vor allem Ascoli in seinen Ricordi bibliografici (Archivio glott. ital. II, S. 416—438): hat D'Ovidio hauptsächlich die Lösung der Frage angeregt, indem er das Ziel und die Wege wies, so ist Ascolis Verdienst andererseits, diese Lösung wirklich, soweit es möglich war, geliefert zu haben. Weiter vergleiche man Schuchardt in Kuhns Zeitschr. XXII, S. 167—186 und Ad. Tobler in Gött. Gelehrte Anzeigen 1872, St. 48, S. 1892—1907. Zum Kapitel von der lateinisch-romanischen Deklination verzeichne ich hier noch — weniger wegen der gebotenen Erörterungen, als wegen des ziemlich reichlichen Materials — P. Clairin, Du Génitif latin et de la préposition de. Etude de syntaxe historique sur la décomposition du latin et la formation du français. (Paris, Vieweg 1880. S. Littbl. f. germ. und rom. Phil. IV, S. 135). — Zur Lehre von der Komparation des Adjektivs lieferten wertvolle Beiträge J. N. Ott in Doppelgradation des lateinischen Adjektivs und Verwechslung der Gradus untereinander. (In Neue Jahrbücher für Phil. und Pädag. 1875, 757—808) und Ed. Wölfflin in Lateinische und romanische Komparation (Erlangen, Deichert 1879). Besonders die letztgenannte Schrift sollte kein Romanist ungelesen lassen: sie ist ein meisterhaft ausgeführtes Kapitel der vulgärlateinischen Grammatik. Von demselben Wölfflin seien hier gleich noch zwei weitere lesenswerte Arbeiten genannt, die zwar vorwiegend auf das Lateinische Bezug nehmen, aber doch auch hie und da darüber hinausschauen auf die romanische Weiterentwickelung: 1) Die Gemination im Lateinischen (Sitzungsberichte der Kgl. bayer. Akademie der Wiss., philos.-philol. Klasse 1882, Heft III, S. 422—491), wo für die romanischen

---

*) Vgl. die vorzüglichen Erörterungen von Hugo Schuchardt in Kuhns Ztschr. XXII, 153—167.

Elatiobildungen wie it. lungo lungo und verwandte Erscheinungen im Lateinischen gleiche oder doch ähnliche Vorläufer nachgewiesen werden (vgl. auch Gemination und Ablaut im Romanischen von F. Diez, in Höfers Zeitschr. für die Wissenschaft der Sprache III, 397 ff.; Neudruck von Breymann in Diez' Kleinere Arbeiten, S. 178 ff.). 2) Über die allitterierenden Verbindungen der lateinischen Sprache (Sitzber. 1881, Bd. II. Heft I, S. 1—94): am Schluß der Abhandlung findet sich eine interessante Untersuchung darüber, ob die Romanen selbständig neue Formeln gebildet haben, eine Frage, die bejaht wird; auf der andern Seite werden als Gründe für das Absterben einer Reihe lateinischer allitterierender Verbindungen in den romanischen Sprachen nachgewiesen einmal lautliche Umbildung (lat. campus et collis ist fr. *champ et collin*), ferner Bedeutungsveränderung (vive et vale ging verloren wegen der veränderten Bedeutung von fr. valoir) und endlich gänzlicher Untergang von Wörtern (fortis et felix: s. Sittl im Littbl. für germ. und rom. Phil. 1882, 427 f.) — Zur Syntax lieferte u. a. einen Beitrag Hugo Brehme, Linguarum noviciarum laxam temporum significationem jam priscis linguae latinae temporibus in vulgari elocutione perspici posse (Göttingen, Dietrich 1879).

Den Schluß dieser Liste von Arbeiten über Vulgärlateinisch möge eine Auswahl aus denjenigen Schriften bilden, welche die Rusticitas einzelner vulgarisierender lateinischer Schriftsteller und Sprachdenkmäler zum Gegenstand haben. Die Vulgarismen des Plautus sind recht gut erörtert von G. Schmilinsky, De proprietate sermonis Plautini u-u linguarum romanicarum illustrata (Halle 1866). Die Sprache Petrons ist zweimal behandelt worden, einmal durch E. Ludwig, De Petronii sermone plebeio (Leipzig 1870), der auf die romanischen Sprachen bei seiner Untersuchung mehr Bezug nimmt, als ein anderer Grammatiker Petrons, A. von Guericke, De linguae vulgaris reliquis apud Petronium et in inscriptionibus parietariis Pompejanis (Gumbinnen 1875). Benutzt Guericke die Inschriften nur nebenbei, so basiert andererseits vollständig auf inschriftlichem Material C. W. Möller, Titulorum Africanorum Orthographia (Greifswald 1875), ein Art grammatischer Index zu Léon Reniers Inscriptions rom. de l'Algérie (Paris 1860). Vorzüglich ist die Arbeit von Wölfflin über die Latinität des Afrikaners Cassius Felix; ein Beitrag zur Geschichte der lateinischen Sprache (Sitzungsber. der Kgl. bayer. Akademie der Wiss. 1880, Heft IV, S. 381—432), lesenswert die seines Schülers Köhler, De auctorum belli Africani et belli Hispaniensis latinitate (in den Acta des Erlanger philol. Seminars I, f. Suchier in der Zeitschr. für rom. Phil. II, 601 f.). Die Latinität der Lex Romana Utinensis, einer den romanischen Einwohnern Graubündens (Churrätiens) sprachlich mundgerecht gemachten, wahrscheinlich zu Anfang des 9. Jahrhunderts ausgeführten Bearbeitung der 506 im Auftrage Alarichs II. angefertigten Lex Romana Visigothorum, ist nach verschiedenen Seiten hin durch L. Stünkel behandelt worden. Zuerst in seiner Schrift: Verhältnis der Sprache der Lex Romana Utinensis (oder Curiensis) zur schulgerechten Latinität in Bezug auf Nominalflexion und Anwendung der Kasus (Leipzig, Teubner 1876; S.-A. aus dem 8. Supplementband der Jahrb. für Phil. und Pädagogik). Leider fehlt in der Arbeit eine methodische Verwertung der romanischen Sprachen: dies Versäumnis wird nachgeholt durch Hugo Schuchardt in seiner Rezension in der Ztschr. f. rom. Phil. I, 111—125. Die Flexion der Verba in der Sprache der Lex Romana Utinensis hat Stünkel dann in der Zeitschr. f. rom. Phil. V, S. 41—50 behandelt. Schließlich nenne ich noch Ph. Thielmann, Über Sprache und Kritik des lateinischen Apolloniusromans (Speierer Gymn.-Progr. 1881); H. Hagen, De Oribasii versione latina Bernensi commentatio (Bern 1875), wo über die vulgärlateinische Vermehrung des Maskulinums sund Femininums auf Kosten der Neutra, das Schwanken in den Kasusendungen, die Umschreibung der Kasus mit Präpositionen, Deklinations- und Konjugationstausch u. dgl. m. gehandelt wird; V. Thomsen, Latin og Romansk. Bemaerkninger om skrifsproget i den tidlige Middelalder (Opusc. phil. ad Madvigium a discipulis missa. Kopenhagen 1876, S. 256 ff.); Hauschild, Grundsätze und Mittel der Sprachbildung bei Tertullian, mit einem Hinweis auf deren Fortbestand in den romanischen Sprachen (Programm der Realschule II. Ordn. zu Leipzig 1876); Goelzer, De la latinité de S. Jérome (Paris 1884). Alles weitere sehe man bei Hübner a. a. O. Vgl. auch W. Meyers Artikel „Aus lateinischer Sprachwissenschaft" im Litteraturblatt für germ. und rom. Phil. 1884, 5 und 1885, 4.

Die lateinische Lexikographie muß in ganz andere Bahnen einlenken, um dem jetzigen Stande und den jetzigen Anforderungen der Sprachforschung zu entsprechen, Bahnen, wie sie durch E. Wölfflin in seinen klaren und verständigen Bemerkungen über die Aufgaben der lateinischen Lexikographie (Rhein. Museum für Philol. N. F. XXXVII, 83—123) vorgezeichnet sind. Erst auf diesem Wege wird es gelingen, einen Thesaurus Linguae Latinae zu schaffen, wie ihn die klassischen und romanischen Philologen brauchen, ein historisches Wörterbuch der lateinischen Sprache, zu welchem Wölfflins schon erwähntes Archiv für lateinische Lexikographie und Grammatik die Vorarbeit sein soll. Bis wir diesen Thesaurus erhalten, müssen wir uns mit den bekannten lateinischen Wörterbüchern behelfen, dem Totius Latinitatis lexicon consilio et cura Jac. Facciolati opera et studio Aegid. Forcellini lucubratum (zuerst Padua 1771, 4 Bde. und dann oft wieder gedruckt, am besten Schneeberg 1831—1835, Fol., neuerdings durch Vinc. de Vit, Prato 1868 ff.), oder den Handwörterbüchern von Freund, Klotz, Georges, unter denen des letzteren Wörterbuch weitaus den ersten Platz einnehmen dürfte. Der romanische Philologe sei außerdem noch an ein lateinisches Wörterbuch erinnert, das zu dem täglichen Handwerkszeug des Romanisten gehört, an Ducanges Glossarium mediae et infimae Latinitatis (zuerst 3 Bde., Paris 1678, oft dann wieder gedruckt, am besten von G. A. L. Henschel, Paris, 7 Bde. — Bd. 7 enthält ein altfranzösisches Glossar — 1840—1850; in diesen Tagen hat abermals ein Neudruck begonnen, besorgt von L. Favre in Niort, in dem die Diefenbachschen Nachträge eingereiht sind). Eine wichtige Ergänzung zu Ducanges Glossar bildet Lor. Diefenbachs Glossarium Latino-Germanicum (Frankfurt 1857) und desselben Novum glossarium Latino-Germanicum mediae et infimae Latinitatis, Beiträge zur wissenschaftlichen Kunde der neulateinischen und germanischen Sprachen. (Frankfurt 1867.) — Außerordentlich zahlreich sind die kleineren Beiträge zur lateinischen Lexikographie, die ich hier natürlich nicht alle namhaft machen kann. Unbedingt anzuempfehlen ist jedem die Lektüre von G. Gröber, Vulgärlateinische Substrate romanischer Wörter (Wölfflins Archiv Bd. I ff.), überreich an trefflichen Aufschlüssen, und von demselben Verfasser Sprachquellen und Wortquellen des lateinischen Wörterbuchs (ebd. I, 35 ff.), wo auch die Frage nach der Abgrenzung des Latein nach unten Erörterung findet. Den Romanisten dürften ferner besonders H. Jordans Bemerkungen über Ausdrücke des Bauernlateins (Hermes VII, S. 193 f., 367 f.) und C. Pauckers leider sehr verzettelte Beiträge (in Kuhns Ztschr. 1875 f.; Ztschr. f. die österr. Gymnasien 1873, 1875, 1876 und Einzeldrucke Dorpat 1872 ff.; Vorarbeiten zur lateinischen Sprachgeschichte, herausg. von Rönsch, Berlin 1884; Suppl. lex lat. ebd. 1884 u. s. w.), die besonders die spätlateinische Litteratur berücksichtigen, interessieren. Vgl. Hübner a. a. O. S. 22. — Hier sei auch noch schließlich Löwes Prodromus corporis glossariorum latinorum (Leipzig 1876) gedacht, aus dem die romanische Sprachforschung viel Nutzen ziehen kann. (Vgl. Ludwig in der Ztschr. f. rom. Phil. III, 109 ff.)

Die romanischen Sprachen in ihrer Gesamtheit (Französisch, Provençalisch, Katalanisch, Spanisch, Portugiesisch, Italienisch, Ladinisch und Rumänisch) haben die umfassendste grammatische Darstellung gefunden in Friedrich Diez' Grammatik der Romanischen Sprachen (3 Teile, 1. Teil: Allgemeines und Lautlehre; 2. Teil: Formen- und Wortbildungslehre; 3. Teil: Syntax. Dazu erschien als Anhang 1875: Romanische Wortschöpfung. Die Grammatik erschien zuerst Bonn, Weber 1836—1842, die letzte von Diez selbst besorgte Auflage, die dritte, 1870—1872; die neueste, 5. Auflage, 3 Teile in einem Bande, 1882. Die Grammatik erschien dann zu Paris bei Vieweg auch in französischer Übersetzung: Grammaire des langues romanes. T. 1er, trad. par A. Brachet et G. Paris, T. 2^{e} et 3^{e}, trad. par A. Morel-Fatio et G. Paris). Ich habe zu dem oben (S. 406) abgegebenen Urteile hier nichts hinzuzufügen als den Rat, daß jeder angehende Romanist Diez' Grammatik zum Ausgangspunkt und zur Grundlage seiner Studien über jede der romanischen Sprachen, welche es auch immer sein mag, machen möge. — Vor Diez (1831) hatte L. Dieffenbach bereits eine Arbeit über die romanischen Sprachen geliefert; ich meine sein Über die jetzigen romanischen Schriftsprachen, die Spanische, Portugiesische, Rhätoromanische, Französische, Italienische und Dakoromanische mit Vorbemerkungen über Entstehung, Verwandtschaft u. s. w. dieses Sprachstammes (Leipzig). Es war dies die erste alle romanischen Sprachen einschließlich Churwälsch und Walachisch umfassende vergleichende Darstellung der romanischen Sprachenfamilie, eine Arbeit, die für ihre Zeit eine höchst beachtenswerte Leistung war, die dann aber fünf Jahre darauf durch die sie weit überragende Grammatik von Diez so in Schatten gestellt wurde, daß sie bald ganz vergessen war. Sie sei auch hier nur der Vollständigkeit wegen und des historischen Interesses halber, das sie bietet, erwähnt*). Auch Raynouards im 6. Bande seines Choix des poésies originales des Troubadours (Paris 1821) erschienene Grammaire comparée des langues de l'Europe latine dans leur rapport avec la langue des Troubadours muß als durch Diezens Grammatik antiquiert bezeichnet werden, so epochemachend auch diese Arbeit zur Zeit ihres Erscheinens in Frankreich war und soviel auch Diez gerade Raynouard als seinem bedeutendsten Vorläufer zu verdanken hatte. (S. o. S. 403.) Als völlig wertlose Arbeit zu bezeichnen ist das aus allerlei Büchern, wenigen guten, zumeist schlechten, zusammengeschriebene Buch des Engländers Lewis, An essai on the origin and formation of the romance languages containing an examination of Raynouards theorie on the relation of the italian, spanish, provençal and french to the latin (London 1862). — Über die das romanische Sprachgebiet in seiner Gesamtheit behandelnden Arbeiten von Fuchs u. a. s. o. S. 423 unter Latein.

Von kleineren Schriften, die über die romanischen Sprachen im allgemeinen handeln, erwähne ich die lesenswerte Abhandlung F. Scholles, Über den Begriff Tochtersprache, ein Beitrag zur gerechten Würdigung des Romanischen, namentlich des Französischen (Berlin 1869). In Kürze spricht über die romanischen Sprachen auch N. Delius in A. Schleichers Die Sprachen Europas in systematischer Übersicht (Bonn 1850). Über das Verhältnis von Sprache und Dialekt mit besonderer Bezugnahme auf die romanische Sprachengruppe handelt U. A. Canello († 1883) in seinem freilich nicht tief eindringenden Artikel Lingua e dialetto (Giorn. di fil. rom. I, S. 2 ff.). Von Arbeiten allgemeineren Charakters erwähne ich hier zuletzt noch zwei, die miteinander verwandte Fragen untersuchen: Max Müller, Über deutsche Schattierung romanischer Wörter (in Kuhns Ztschr. f. vergl. Sprachforschung V, S. 11—24) und Karl Bartsch, Vom deutschen Geist in den romanischen Sprachen (in den Verhandlungen der dreißigsten

---

*) Vgl. Diez' Rezension der Dieffenbachschen Arbeit in den Berliner Jahrbüchern für wissenschaftliche Kritik 1831 II S. 373 ff., jetzt leicht zugänglich in Breymanns Ausgabe von Diez' kleineren Arbeiten und Rezensionen S. 119 ff.

Versammlung deutscher Philologen und Schulmänner, S. 37 ff.): der erstere sucht in der lautlichen Gestaltung einer Reihe von romanischen Wörtern, der zweite in gewissen Erscheinungen der romanischen Wortbildung, Syntax und Bedeutungsentwickelung deutschen Einfluß nachzuweisen. Beide Arbeiten enthalten manche geistvolle und anregende Bemerkung, daneben aber auch ebensoviel Unannehmbares oder zum mindesten noch Diskutierbares.

Arbeiten, welche einzelne Kapitel der **gemeinromanischen** Grammatik behandeln, sind nicht sehr viele zu nennen. Bei dem äußerst großen Umfang, den die romanische Philologie besonders in den letzten beiden Jahrzehnten angenommen hat, mußte es sich einstellen, daß die Romanisten sich mehr und mehr spezialisierten, der eine seine Hauptthätigkeit wenigstens mehr diesem, der andere mehr jenem romanischen Sprach- und Litteraturgebiete zuwandte, dergestalt, daß man heutzutage fast schon von einer französischen, italienischen, spanischen u. s. w. Philologie und ihren Vertretern reden kann, ebenso wie sich von der germanischen Philologie eine englische und nordische Philologie losgelöst hat. Die grammatischen Untersuchungen halten sich daher zumeist innerhalb der Grenzen einer oder zweier romanischer Idiome, auf die übrigen wird nur gelegentlich ein Seitenblick geworfen. Nicht gerade immer zum Vorteil der Untersuchung und Heile der Wissenschaft: es wäre an der Zeit, nach jahrelanger eifriger Pflege der **historischen** Grammatik der **einzelnen** romanischen Sprachen dieselben nunmehr auch wider in ausgedehnterem Maße **vergleichend** zu behandeln; vieles wird dadurch erst ins rechte Licht gerückt werden, vieles ist überhaupt nur auf diesem Wege erschließbar, viele Fragen (wie z. B. die der vulgärlateinischen Grammatik) können nur durch Vergleichung beantwortet werden, und die Vergleichung wird der Einzelgrammatik wider zu gute kommen. Die Arbeiten, welche prinzipiell sich über mehrere oder alle romanischen Sprachen erstrecken, sind schnell genannt: zum Teil sind es Leistungen von hervorragender Bedeutung und großem Wert. Zunächst auf dem Gebiete der **romanischen Lautlehre**. Eine vielumstrittene Frage ist die über die romanische Quantität, bezw. die Entwickelung der lateinischen Quantität im Romanischen; ohne mich hier auf eine Erörterung dieser Frage selbst näher einlassen zu können, nenne ich gleich die wichtigsten der hierher gehörigen Arbeiten. Einmal verschiedene Artikel von E. Böhmer, die er unter dem Titel „Klang, nicht Dauer" (d. i. Qualität nicht Quantität der lateinischen Vokale ist für ihre romanische Weiterentwickelung maßgebend) in seinen Romanischen Studien veröffentlichte (Bd. III, S. 351 ff.; 609 ff.; IV, 336 ff.). Böhmers Artikel riefen eine kleine, aber höchst bedeutsame Abhandlung von B. ten Brink hervor, dessen Stellung zu der Frage bereits durch den Titel seiner Broschüre genügend gekennzeichnet wird: Dauer und Klang. Ein Beitrag zur Geschichte der Vokalquantität im Altfranzösischen (Straßburg, Trübner 1879; vgl. dazu die Rezension von H. Suchier in der Ztschr. f. rom. Phil. III, S. 135). Erwähnt sei hier auch eine Abhandlung über die gleiche Frage von dem norwegischen Gelehrten Johan Storm, Om vokalernes kvantitet i de romanske sprog i sin udvikling fra Latinen (in den Berichten der ersten skandinavischen Philologenversammlung zu Kopenhagen 1879, S. 157—191), eine Untersuchung, die wol verdiente, durch eine deutsche Übersetzung weiteren Kreisen zugänglich gemacht zu werden. Zur romanischen Lautlehre handelt Wendelin Foerster in seiner Arbeit über „Umlaut (eigentlich Vokalsteigerung) im Romanischen" (in der Ztschr. für roman. Phil. III, S. 481—517; vgl. dazu Hugo Schuchardt, ebd. IV, S. 113 ff.), worin besonders von dem Wandel der Vokale unter dem Einfluß eines nachfolgenden i gehandelt wird: wertvoll erscheint mir diese Arbeit als Materialiensammlung; die aus derselben gezogenen Resultate muß ich mit andern zumeist als verfehlt betrachten (vgl. meine Erörterungen in Ztschr. VIII, S. 259 ff.). Einen äußerst wertvollen Beitrag zur rom. Lautlehre (Behandlung der tonlosen Paenultima) liefert W. Meyer in Gröbers Ztschr. VIII, S. 205 ff., trotz einiger verfehlter Aufstellungen eine der besten grammatischen Arbeiten der letzten Jahre. — Ein wichtiges Kapitel aus der Lehre von den romanischen Konsonanten behandelt auf Grund eines umfassenden, leidlich geordneten Materials und guter laut-

physiologischer Kenntnisse, allerdings ohne die heute geforderte Strenge der Methode
Charles Joret in seinem Buche Du C dans les langues romanes (Paris 1874;
bildet einen Band der Bibl. de l'école des hautes études). Vgl. zu demselben die
ausführliche Rezension von A. Darmesteter in Romania III 378 ff., Neumann,
Zur Laut- und Flexionsl. des Afr. S. 80 ff. und jetzt besonders Adolf Horning,
Zur Geschichte des palatalen c im Romanischen (Halle, Niemeyer 1883).

Aus der gemein-romanischen Formenlehre hat besonders die romanische Gestaltung
der lateinischen Konjugation manigfache Behandlung gefunden. So erörtert sehr
ansprechend die in Betracht kommenden Hauptfragen Adolf Tobler in seiner noch
heute lesenswerten Erstlingsschrift, seiner Darstellung der lateinischen Konjugation in
ihrer romanischen Gestaltung (Zürich 1857). Wegen des außerordentlich reichen Materials, weniger wegen der sich daran anknüpfenden Erörterungen und der daraus
gezogenen Resultate, dürfte auch A. Fuchs' bereits 1840 erschienene Arbeit über die
sogenannten unregelmäßigen Zeitwörter in den romanischen Sprachen hier zu nennen sein.
Eine vorzügliche Arbeit, die zugleich eine der wichtigsten und schwierigsten Fragen aus
der romanischen Konjugation behandelt, ist die von Karl Foth über die Verschiebung der
lateinischen Tempora in den romanischen Sprachen (Straßburg 1876; Romanische
Studien II, S. 243 ff.). Ein erster Teil erörtert die Thatsachen der Tempusverschiebung:
1) Das lateinische Plusquamperf. des Konj., das als Imperf. Konj. wider auftritt.
2) Das Plusquamperfekt des Ind., welches romanisch hier als rein präteritales Tempus,
dort als Condicionale auftritt; 3) werden das bedingende Futurum im Spanischen,
Portugiesischen und Walachischen, das neuprov. Perfekt, der Infin. im Italienischen anstatt des Verbum finitum, das Impf. des Konj. und Perf. des Ind. im Logudorischen besprochen. Der zweite Teil handelt von den Ursachen der Tempusverschiebung und
den ersten sich davon bereits im Latein findenden Spuren. Als Arbeiten von hervorragendster Bedeutung erwähne ich hier Adolf Mussafias Zur Präsensbildung im
Romanischen (Wien, Gerold; S.-A. aus dem 104. Bande der Wiener Akademie-Berichte), wo von einer Reihe in den meisten romanischen Idiomen vorkommender
Verstärkungen des lateinischen Präsensstammes gehandelt wird, und W. Meyers Untersuchung über die romanischen Perfekta (Ztschr. IX, 223 ff.). — Enger umgrenzte
Kapitel aus demselben Gebiete behandeln Jakob Ulrich, Die formelle Entwickelung des
Participium Practeriti in den romanischen Sprachen (Züricher Diss.; Halle, Niemeyer 1879); A. Mussafia, Zu den Part. Perf. auf -ect und -est (in Ztschr.
für rom. Phil. III, 267 ff.); Gerson Trier, Om futurum og konditionalis af det
romanske verbum essere (S.-A. aus Det phil.-hist. Samfunds Mindeskrift i
Anl. af dets 25aarige Virksomhed, Kopenhagen 1879, S. 215—231) und derselbe in seinem Vortrag Om inddelingen af verberne i de romanske sprog (in
Verh. der ersten Nord. Philologenversammlung, S. 151 ff.).

Über die Entwickelung der lateinischen Deklination zur romanischen vergleiche
man besonders die oben (S. 423) empfohlene Schrift von Franc. D'Ovidio, von dem
auch eine gründliche Untersuchung Sui pronomi personali e possessivi neolatini
(Arch. glott. it. IX, 25 ff.) und die Arbeit I riflessi romanzi di viginti etc. (Ztschr.
VIII, 82 ff.) hier gleich erwähnt sein mögen. — Die eigentümliche Behandlung, die das
lateinische Neutrum gefunden, ist neuerdings unter Berücksichtigung aller romanischen
Sprachen und ihrer Dialekte in gründlichster Weise untersucht und dargelegt worden durch
Wilhelm Meyer, Die Schicksale des lateinischen Neutrums im Romanischen (Züricher
Dissertation 1883), wozu Ernst Appels sich wesentlich auf das Latein beschränkende
Arbeit De genere neutro intereunte in lingua latina (Erlangen, Deichert 1883)
eine willkommene Ergänzung bildet. Dazu möge man vergleichen L. L. Bonaparte,
On neuter neo-latin substantivs (in Transactions of the Philological Society 1880,
1, 45—64). Auch erwähne ich hier gleich die zwar mittelmäßige Schrift von A. Mercier,
die denselben Gegenstand, mit Beschränkung auf das Französische, behandelt: De neu-

trali genere quid factum sit in gallica lingua, thesim facultati litterarum Parisiensi proponebat A. M. (Paris, Vieweg 1879).

Über einige Kapitel der romanischen Wortbildungslehre besitzen wir außer dem von Diez' Gramm. II Gebotenen gute, zum Teil eingehende, umfangreiche Arbeiten. Ich nenne vor allem Arsène Darmesteters Traité de la formation des mots composés dans la langue française comparée aux autres langues romanes et au latin (Paris 1875; Bibl. de l'école des hautes études 19). Eine vorzügliche Untersuchung, die sowol wegen der breiten Grundlage umfassender Beobachtung und reichlicher Materialiensammlung, wie wegen der eingehenden Klassifizierung des Stoffes geeignet ist, ferneren Studien auf dem Gebiete der Wortbildungslehre als Ausgangspunkt zu dienen (vgl. Koschwitz, Jahrb. f. rom. und engl. Sprache ꝛc. XV, 229—244). Ein einzelnes Kapitel aus der von Darmesteter behandelten Materie, die Zusammensetzung von Phrasen, wie Diez es Gramm. II³, S. 438 nennt, bildet den Inhalt eines Buches von Louis Francis Meunier, Les composés qui contiennent un verbe à un mode personel en latin, en français, en italien et en espagnol. Ouvrage qui a partagé le prix de linguistique au concours Volney (Paris 1875). Das Buch ist jedoch weiter nichts als eine allerdings reiche und brauchbare Sammlung von Materialien, Thatsachen und lexifographischen Notizen. Dieselben Komposita (portefeuille, Taillefer u. s. w.) bespricht auch Herm. Osthoff im letzten Teile seines Buches über Verbalkomposita im Germanischen, Slavischen, Griechischen und Romanischen (Jena 1876), indem er eine von den früheren Auffassungen durchaus abweichende Erklärung vorschlägt. — Ein einzelnes Suffix behandelt Mirisch in seiner Geschichte des Suffixes -olus in den romanischen Sprachen mit besonderer Berücksichtigung des Vulgärlateins und Mittellateins (Bonner Dissertation 1882).

Die wichtigen Fragen, wie haben die Romanen mit dem Erbstück des lateinischen Wortschatzes verfahren, wie haben sie ihn vermehrt, vermindert, modifiziert, welche lateinischen Wörter für die einzelnen Begriffe sind erhalten, welche verloren, welche und wie haben sie ihre Bedeutung geändert, woher borgten die Romanen, um die Lücken des lateinischen Wortschatzes zu ergänzen — diese und ähnliche Fragen sucht Diez in seiner letzten Arbeit, Romanische Wortschöpfung (Bonn 1875), zu beantworten. Ich habe über diese Arbeit bereits oben S. 14 geurteilt. — Denselben Titel, jedoch etwas andern Inhalt hat das Buch von Carolina Michaelis (de Vasconcellos), Zur romanischen Wortschöpfung (Leipzig 1876). Wenn die Verfasserin auch hauptsächlich das Spanische berücksichtigt, so wird doch auch auf die übrigen romanischen Sprachen in dem Maße Bezug genommen, daß das Buch wol an dieser Stelle genannt werden darf. C. Michaelis behandelt die romanischen, spezieller die spanischen Scheideformen (Doppelwörter, Doppelformen, Dubletten, Zwillingswörter, doubles formes, doublets, formes divergentes, forme divergenti, doppioni, dittologie, polimorfie, divariati, allotropi oder wie man sie sonst genannt hat), d. f. jene doppelten bezw. mehrfachen Gestaltungen eines und desselben lateinischen Wortes in einer romanischen Sprache, die entweder als Satzdoppelformen (s. o. S. 415 f.) ihre Erklärung finden*), oder in der Weise entstanden sind, daß sich neben der ursprünglichen lautgesetzlichen Form eines Wortes dasselbe lateinische Wort in einer anderen durch irgendwelche Analogiewirkung umgebildeten Form**) oder als Fremdwort, sei es aus einem andern Dialekt, einer andern romanischen Sprache***), sei es aus dem Latein†) entlehnt, in einer entweder jenem Dialekt angehörigen oder im zweiten Falle dem Latein noch ziemlich nahe stehenden Form einstellte. Neben diesen spanischen Zwillingswörtern werden von C. Michaelis besonders die französischen berück-

---

*) z. B. afr. buen, bon; nfr. nouvel, nouveau u. dgl.
**) z. B. nfr. labeur und labour (nach labourer); oisif und oiseux, plaire und plaisir, geindre und gémir; afr. parfit und parfait u. s. w.
***) z. B. nfr. champ und camp; chef und cap u. s. w.
†) z. B. nfr. cherté und charité, hôtel und hôpital, afr. deintie und dignété u. s. w.

sichtigt: sie giebt zahlreiche Ergänzungen und Berichtigungen zu Brachets Buch über die französischen Scheideformen, das hier nebst ein paar andern Abhandlungen verwandten Inhalts gleich genannt sein möge: Aug. Brachet, Dictionnaire des doublets ou doubles formes de la langue françoise (Paris, Vieweg 1868; Supplément ebendas. 1871 = Mémoires de la société de linguistique de Paris I, 358 ff.; ein weiteres Supplement erschien 1883). Ferner nenne ich Adolpho Coelho, Les formes divergentes de mots portugais (in Romania II, 281—294); die gründliche Untersuchung von U. A. Canello, Gli allótropi italiani (in Archivio glottologico ital. III, S. 285—419). Der Vollständigkeit wegen seien auch noch erwähnt Mich. Bréals Sammlung lateinischer Doppelformen (in den Mémoires de la soc. de ling. I, 162 ff.) und die methodisch instruktive Arbeit von O. Behaghel über die neuhochdeutschen Zwillingswörter (in Germania XXIII, 257 ff.).

Die lexikographischen Arbeiten über romanische Sprachen beschränkten sich natürlicherweise meist in noch höherem Grade auf ein romanisches Idiom, als die grammatischen Untersuchungen. Nur die etymologischen Forschungen erstrecken sich — wenn sie sich auch vielfach innerhalb der Grenzen eines Sprachgebiets halten — doch öfters über mehrere bezw. alle romanischen Sprachen. Von solchen Arbeiten ist vor allem hier zu nennen Friedrich Diez' Etymologisches Wörterbuch der romanischen Sprachen (zuerst 1853, 4. Aufl. in einem Bande, mit einem Anhange von Aug. Scheler, der die zerstreut in Zeitschriften veröffentlichten Ergänzungen und Berichtigungen zu Diez zusammenfaßt, Bonn 1878). Über die Bedeutung von Diez' Wörterbuch habe ich bereits oben (S. 407 f.) mich ausgesprochen. Ein, besonders dem Anfänger, fast unentbehrliches Hilfsmittel bei Benutzung des Diezschen Wörterbuches ist der Index, den J. U. Jarník (Berlin 1878) veröffentlichte. Die romanische etymologische Forschung befindet sich augenblicklich in einer sozusagen destruktiven Periode. Seit sich die grammatische Methode immer mehr ausgebildet hat, seit man es mit dem Begriff „Lautgesetz" ernster und strenger nimmt als früher (s. o. S. 415 f.), sind natürlich manche früher als gesichert betrachtete Lautgesetze gefallen und mußten neuen, auf Grund dieser strengeren Methode geförderten Lautgesetzen Platz machen. Mit jenen älteren Lautgesetzen fielen dann aber auch zahlreiche Etymologieen, die mit den neuerkannten Gesetzen sich nicht mehr vereinigen ließen und an deren Stelle nunmehr gesichertere Etymologien gefunden werden müssen. Dem Etymologen ist auf diese Weise eine neue, dankbare Arbeit von großem Umfange erwachsen; und so sehen wir denn eine Reihe von Romanisten in zahlreichen, zum Teil in den verschiedenen romanistischen Zeitschriften zerstreuten Beiträgen die Bausteine zu einem neuen etymologischen Wörterbuch der romanischen Sprachen zusammentragen. Auf einige der wichtigsten Beiträge sei hier noch kurz hingewiesen.

Auf Grund der bedeutenden Fortschritte, welche die Keltologie in den letzten Jahren gemacht hat, unternimmt R. Thurneysen in seinem Buche „Keltoromanisches" (Halle 1884) eine Prüfung der keltischen Etymologien in Diezens Wörterbuch: obwol die Arbeit im wesentlichen jenen eben erwähnten destruktiven Charakter der romanischen etymologischen Forschung zeigt und weniger positive Resultate bietet, so ist sie doch als außerordentlich hervorragend zu bezeichnen. Weiter hervorzuheben sind die etymologischen Studien von Napoleone Caix, die er ursprünglich in verschiedenen Zeitschriften (Riv. di fil. rom.; Ateneo u. a.) veröffentlichte, dann aber in einem wertvollen Bande gesammelt hat: Studi di etimologia italiana e romanza; osservazioni ed aggiunte al Vocabolario etimologico delle lingue romanze di F. Diez (Florenz, Sansoni 1878. Vgl. auch desselben Voci nate dalla fusione di due temi (in Zs. f. rom. Phil. I 421). Ferner nenne ich Sophus Bugges Etymologies françaises et romanes (in Romania III, 145 ff. und IV, 348 ff.), Joh. Storms Mélanges étymologiques (in Rom. V, 165 f.), C. Michaelis' Etymologische Versuche (im Jahrb. f. rom. u. engl. Sprache und Litteratur XIII, 202 ff., 308 ff., XV, 57 ff., sowie ihre Ergänzungen und Besserungen zu Schelers Dictionnaire d'étymol. franç. (in Coelhos Bibliographia critica de hist. e litt. S. 369 ff.); bedeutsame etymologische Beiträge lieferten ferner Adolf Tobler (in Kuhns Ztschr. f. vgl. Sprachf. N. F. III, 414 ff.; Ztschr. f. rom. Phil. III, 568 ff., IV, 373 ff. u. ö.), H. Suchier (bes. in Ztschr. f. rom. Phil. I, 428 ff. u. ö.), W. Foerster (in Ztschr. f. rom. Phil. I, 559 ff., II, 84 ff., III, 259 ff. 561 ff., IV, 377 ff., V, 95 ff. VI, 108 ff.), G. Baist (in Ztschr. f. rom. Phil. V, 233 ff. 550 ff., VI, 116 ff., Rom. Forschungen I, 130 ff.), F. Settegast (in Rom. Forschungen I, 237 ff.), Hugo Schuchardt (in Romania IV, 253 ff., Ztschr. f. rom. Phil. VI, 119 ff.). Dazu kommen endlich zahlreiche vereinzelt in Zeitschriften wie Ztschr. f. rom. Phil., Romania. Revue des langues romanes. Rivista und Giornale di filologia romanza u. s. w. vorgetragene Etymologien der genannten und anderer Forscher wie G. Paris, A. Poncherie, Wilh. Thomsen, L. Havet, Ch. Joret, Cornu, Bartsch, Bauer, Gröber, Michaelis de Vasconcellos, Ulrich u. a. m. Herm. Rönschs Etymologische Versuche sind bereits oben (S. 422) gewürdigt worden.

Bevor ich zu den einzelnen romanischen Sprachen übergehe, sei hier noch zweier Forschungsgebiete gedacht, welche von den Romanisten erst in allerletzter Zeit betreten worden sind. Ich meine einmal die Frage nach den Geschicken romanischer Wörter in außerromanischen Sprachen, in die sie als Lehnwörter aufgenommen wurden. So handelt Gustav Meyer von den romanischen Wörtern im kyprischen Mittelgriechisch (in Jahrb. f. rom. u. engl. Sprache und Litteratur XV S. 33—56). Wie die Transskriptionsweise lateinischer Wörter im Altgriechischen für die Lautlehre beider Sprachen manchen nicht unwichtigen Schluß gestattet hat, so wird auch die Gestaltung romanischer Wörter im Mittelgriechischen für den romanischen Sprachforscher nicht minder interessant sein als für den Gräcisten und Linguisten im allgemeinen, abgesehen von vielen andern Seiten des Interesses, die der in Frage stehende Gegenstand bietet. Ähnliche Arbeiten, die z. B. die Geschicke lateinischer Wörter im Althochdeutschen*), der altfranzösischen Lehnwörter im Mittelhochdeutschen in Rücksicht auf Entwickelung sowol der Form als der Bedeutung der Wörter untersuchen könnten, wären wünschenswert. Ebenso ist eine eingehende Geschichte des französischen Bestandteils in der englischen Sprache noch ein Desiderium, nachdem Henry Nicol durch seinen leider zu frühen Tod verhindert wurde, den Plan einer solchen Geschichte auszuführen. Was wir über diesen Gegenstand in den englischen Grammatiken von Koch, Mätzner u. a., sowie in Einzeluntersuchungen (z. B. in der immerhin ganz lesenswerten Programmabhandlung von O. Scheibner, über die Herrschaft der französischen Sprache in England in der Zeit vom 11. bis zum 14. Jahrhundert. Annaberg 1880; vgl. auch Edgren, Observations sur l'élément roman de l'anglais. Lund 1884) besitzen, erschöpft den Gegenstand noch lange nicht**). Auf das Französische in England komme ich unten zurück, wenn ich beim Altfranzösischen vom anglonormannischen Idiom zu handeln haben werde, jener eigentümlichen Gestaltung und Abart des normannischen Dialekts, die sich (allerdings durch manigfachen Einfluß modifiziert) eine Zeit lang neben der englischen Sprache in England als Sprache großer Kreise zu behaupten mußte. Hier führt mich jedoch die Erwähnung dieser Herrschaft des Französischen auf englischem Boden zu dem zweiten von den Romanisten noch wenig betretenen Forschungsgebiete, das die romanischen Idiome und ihre besondere Entwickelung in nichtromanischen, außereuropäischen Landen, in den Kolonien umfaßt: zu diesen neuen, auf fremdem Boden entwickelten Idiomen, den außereuropäischen romanischen Dialekten bildet jenes Anglonormannisch ja gewissermaßen ein altes Seitenstück. Das Studium dieser außereuropäischen romanischen Dialekte, der sogen. Kreolischen Idiome hat ein doppeltes Interesse: auf der einen Seite ist es dem Linguisten dienlich bei der Lösung des schwierigen, aber wichtigen Problems der Sprachmischung (vgl. über dies Problem besonders die äußerst fördernde Arbeit H. Schuchardts: Slavodeut-

---

*) [Vgl. jetzt W. Franz, Die lat.-rom. Elemente im Ahd. Straßburg 1884].

**) [Soeben erscheint eine Arbeit über den in Frage stehenden Gegenstand von D. Behrens (Franz. Stud. V, 2)].

sches und Slavoitalienisches. (Graz 1884), andererseits sind diese „jüngsten und fernsten Ausläufer der romanischen Sprachentwickelung" mit ihrer eigentümlichen Genesis und Entwickelung im Munde von Menschen mit völlig unverwandten Sprachen geeignet, „durch den Gegensatz die Entstehung der romanischen Sprachen selbst zu erhellen", den Maßstab an die Hand zu geben für die Beschaffenheit und Grenzweite eines Einflusses der vorrömischen Sprachen auf das Vulgärlatein (Schuchardt, Littbl. f. germ. u. rom. Phil. IV, 237). Ich entferne mich daher gewiß nicht von meinem Gegenstand, wenn ich einige der wichtigsten neueren Arbeiten über die romanisch-kreolischen Idiome hier erwähne. Besonders sind hier die Forschungen von zwei, auch sonst auf anderen Gebieten hochverdienten romanischen Philologen zu nennen: Adolpho Coelho und Hugo Schuchardt. Von Coelho nenne ich vor allem seine Studie: Os dialectos romanicos ou neolatinos na Africa, Asia e America (Lissabon 1881, S.-A. aus dem Boletim da Sociedade de Geographia de Lisboa 2. Serie Nr. 3), wozu 1882 (in demselben Boletim 3. Serie Nr. 8) Notas complementares erschienen. Coelho giebt einen Überblick über die romanisch-kreolischen Sprachen insgesamt, wobei selbstverständlich die portugiesischen Idiome im Vordergrund stehen. Man vergleiche die wichtigen Rezensionen von Hugo Schuchardt, der sich in mancher Beziehung im Gegensatz zu den Anschauungen von Coelho befindet: Ztschr. f. rom. Phil. V, 580 ff. und Littbl. f. germ. u. rom. Phil. IV, 279 ff. H. Schuchardt hat die Resultate seiner Untersuchungen außer in diesen und andern inhaltreichen Rezensionen in seinen „Kreolischen Studien" niedergelegt, die er in den Sitzungsberichten der philosophisch-historischen Klasse der Kaiserlichen Akademie der Wissenschaften zu Wien Bd. CI ff. veröffentlichte (über das Negerportugiesische von St. Thomé CI, 889 ff.; über das Indoportugiesische*) von Cochim, CII, 799 ff., von Diu CIII, 3 ff., von Mangalore u. s. w.). Dazu vgl. Schuchardt, Über die Benguelasprache (ebend. Bd. CIII); ferner Sur le créole de la Réunion (in Rom. XI, S. 589 ff) und endlich Ausland 1882 S. 867. Als eine wichtige und bedeutsame Arbeit ist auch die von Lucien Adam, Les Idiomes négro-aryen et maléo-aryen. Essai d'hybridologie linguistique (Paris, Maisonneuve 1883; vgl. die vorzügliche Rezension darüber von Hugo Schuchardt im Litteraturblatt f. germ. u. rom. Phil. IV, 236 ff.) zu bezeichnen, in der man außer allgemeinen Erörterungen über die kreolischen Idiome speziellere Mitteilungen über das Kreolische von Trinidad, Franz. Guyana und Mauritius findet. Das französische Kreolisch der letztgenannten Insel (Mauritius) ist in letzter Zeit überhaupt öfter Gegenstand wissenschaftlicher Untersuchung gewesen. Ich verzeichne die kürzere Mitteilung von A. Vos (in Romania IX S. 571 ff.) und die umfangreiche, tüchtige Arbeit von C. Baissac, Etude sur le patois créole mauricien (Nancy, Berger-Levrault 1881), die nach Schuchardts kompetentem Urteil (Ztschr. f. rom. Phil. V, 580) unter allen Arbeiten, „die es bisher auf die systematische Darstellung einer kreolischen Sprache abgesehen haben, mit den ersten Platz einnimmt." Vgl. auch die Anzeige des Baissacschen Buches von A. Vos (in Rom. X, 610 ff.). Über das französische Kreolisch von Louisiana handelt J. A. Harrison im American Journal of Philol. III, S. 285 ff., über das Französische in Canada Elliott ebend. VI, S. 135 ff. — Weitere Mitteilungen über kreolische Studien würden mich zu weit führen: ich verweise statt alles weiteren nur noch auf die Bibliographie créole, welche H. Gaidoz in der Révue critique vom 29. Aug. und 7. Nov. 1881 und 4. Dezbr. 1882 veröffentlicht hat und zu welcher H. Schuchardt in derselben Revue vom 16. April 1883 noch Nachträge bringt.

---

*) Dasselbe wird von Coelho in einer eigenen größeren Arbeit behandelt werden.

Ich gehe nunmehr zur Nennung der Hilfsmittel zum Studium der einzelnen romanischen Sprachen über.

Französische Sprache. Da nicht jeder über Ausgaben altfranzösischer Litteraturdenkmäler so leicht verfügt, wie über Ausgaben neufranzösischer Schriftsteller, so wird es nötig sein, bevor ich zu Mitteilungen über grammatische und lexikalische Hilfsmittel des wissenschaftlichen Studiums der französischen Sprache schreite, zuvörderst ein paar der wichtigsten Hand- und Hilfsbücher (Chrestomathien, Sammlungen ꝛc.), besonders fürs Studium des Altfranzösischen, namhaft zu machen. Das beste Werk zur Einführung in altfranzösische Sprache und Litteratur ist trotz mancher bedeutenden Mängel, die dem Buche gegenüber dem jetzigen Stande der Wissenschaft allerdings anhaften, immer noch Karl Bartschs Chrestomathie de l'ancien français (VIIIe — XVe siècles) accompagnée d'une grammaire et d'un glossaire (Leipzig, F. C. W. Vogel. 5. Aufl. 1884). Die Auswahl von Stücken aus den verschiedenen Zweigen altfranzösischer Poesie und Prosa von den Anfängen französischer Sprache bis zum Schluß des 15. Jahrhunderts, wie sie von Bartsch in chronologischer Folge geboten wird, muß als eine sehr glückliche bezeichnet werden. Lyrische, epische, dramatische, didaktische Poesie erzählende, historische, didaktische und Übersetzungs-Prosa, alle diese Hauptgattungen altfranzösischer Litteratur mit ihren verschiedenen Unterarten und Stilarten sind vertreten; dabei ist auch darauf Rücksicht genommen, daß wenigstens die Hauptdialekte des Altfranzösischen durch Proben vertreten sind: in der letztern Hinsicht könnte vielleicht durch Aufnahme von ein paar weiteren Textproben mit ausgesprochen mundartlichem Charakter (z. B. aus dem Lyoner Ysopet, Lothr. Psalter u. dgl.) in einer neuen Auflage noch mehr gesorgt werden. Die Grammatik, die im einzelnen wol der mangelhafteste und am meisten besserungsbedürftige Teil des Buches ist, will keine vollständige altfranzösische Grammatik sein (es fehlt z. B. ganz und gar die Lautlehre), sondern nur das Verständnis der in den Texten vorkommenden flexivischen Formen vermitteln: diesen Zweck erfüllt sie durchaus. Ebenso wird das knappe Glossar dem sonst mit neufranzösischer Sprache Vertrauten — und nur solche gehen ans Studium des Altfranzösischen — völlig genügen. Alles in allem ist Bartschs Chrestomathie als ein nützliches Buch zu bezeichnen, das in einem Grade wie kein zweites zur Hebung altfranzösischer Studien beigetragen hat. — Eine gute Sammlung altfranzösischer Sprach- und Litteraturproben bietet Paul Meyers (sachlich, nicht chronologisch geordneter) Recueil d'anciens textes bas-latins, provençaux et français accompagnés de deux glossaires (1 Paris, Vieweg 1874: Vulgärlatein und Provençalisch, II 1877: Altfranzösische Poesie, III: Altfranzösische Prosa und Glossar steht noch aus). Die Zahl der Texte ist nicht so reichlich und nicht gleich glücklich gewählt, wie bei Bartsch, auch fehlt jene bei Bartsch sich findende, besonders dem Anfänger nützliche Übersicht der Flexionen; da aber Meyer im großen ganzen andere Texte hat als Bartsch, so ergänzen sich beide Sammlungen in willkommener Weise. — Eine kleine Sammlung — für seine Universitätsvorlesungen — veröffentlichte E. Lidforß, Choix d'anciens textes français (Lund 1877). Diesem Choix wird eine der weit reichhaltigeren Sammlungen von Bartsch oder Meyer vorzuziehen sein. Der Anfänger wird nicht ohne Nutzen die für französische Schulen berechnete Chrestomathie de l'ancien français précédée d'un tableau sommaire de la littérature française au moyen-âge et suivie d'un glossaire étymologique von L. Constans (Paris 1884) gebrauchen können. Über zwei weitere neuerdings erschienene altfranzösische Chrestomathien (ebenfalls für französische Schulen berechnet) habe ich kein Urteil, da mir dieselben noch nicht zu Gesichte gekommen sind. Ich verzeichne daher nur die Titel: Ch. Aubertin, Choix de textes de l'ancien français du Xe au XVIe siècle: Poètes et Prosateurs du moyen âge, avec des sommaires historiques, des notices biographiques et un commentaire grammatical (Paris, Belin) — nach Revue critique 1883 II, S. 44 schlecht — und Fréd. Godefroy, Morceaux choisis de poètes et prosateurs français du IXe au XVIe siècle comprenant des extraits particulièrement développés de la Chanson de Roland et des mémoires de Joinville (Paris, Gaume). — Gaston Paris hat ein Handbuch des Altfranzösischen, das außer Texten und Glossar einen kurzen Abriß der Litteraturgeschichte und Grammatik enthalten soll, in Aussicht gestellt (Paris bei Hachette), ein gleiches Bartsch im Verein mit Freymond und Horning. — Die ältesten französischen Sprachdenkmäler (Eide, Eul., Val. Fragm., Léger, Passion) liegen uns in guten Ausgaben gesammelt vor. So edierte Diez die Eide und das Eulalialied u. b. T. Altromanische Sprachdenkmale, berichtigt und erklärt nebst einer Abhandlung über den epischen Vers (Bonn 1846) und Léger nebst Passion u. b. T. Zwei altromanische Gedichte, berichtigt und erklärt (Bonn 1852). Ferner besitzen wir eine Facsimile-Ausgabe in vorzüglicher heliotypischer Ausführung: Les plus anciens monuments de la langue française avec un commentaire philologique, hrsg. von G. Paris (Paris, société des anc. textes franç. 1875. 9 Bl.). Der auf dem Titel verzeichnete philologische Kommentar zu den Facsimiles ist noch nicht erschienen. Einen buchstabengetreuen zuverlässigen Abdruck derselben Texte (für Universitätsvorlesungen) veröffentlichte Ed. Koschwitz u. b. T. Les plus anciens monuments de la langue française publiés pour les cours universitaires (Heilbronn, Henninger 1886. 4. Aufl.). Dieselben Texte wurden auch von E. Stengel in Heft XI der Ausgaben und Abhandlungen ediert. An diese Ausgaben schließt sich der ebenfalls buchstabengetreue Abdruck einiger weiterer altfranzösischer Texte aus dem 11. und 12. Jahrh. (Alexis, Nachbildung des hohen Liedes, Stephanus-Epistel, Alexanderfragment) an, die Stengel mit bekannter Zuverlässigkeit besorgte: La cancun de Saint Alexis und einige kleinere altfranzösische Gedichte des 11. und 12. Jahrhunderts. Nebst vollständigem Wortverzeichnis zu E. Koschwitzs Les plus anciens monuments de la langue française und zu beifolgenden Texten (Marburg 1882. 1. Bd. der Ausgaben und Abhandlungen aus dem Gebiete der romanischen Philologie). Außer dem im Titel schon verzeichneten enthält die Ausgabe noch die Lesarten weiterer Handschriften, die von verschiedenen Romanisten gemachten Besserungsvorschläge, zu jedem Text eine bibliographische Einleitung über Handschriften, Ausgaben, Quellen ꝛc., welche letzteren den Texten oft beigefügt sind, endlich Übersichten der Assonanz- und Reimworte, wie der Wortklassen und Formen. Inhaltlich deckt sich mit den beiden besprochenen Publikationen von Koschwitz und Stengel das treffliche Altfranzösische Übungsbuch. Zum Gebrauche bei Vorlesungen und Seminarübungen herausgegeben von Foerster und Koschwitz (Heilbronn 1884), wozu man Koschwitzs ausführlichen Kommentar (Altfr. Bibl. X, Heilbronn 1885) benutze. — An den Inhalt von Bartschs und Meyers Chrestomathien schließt sich zeitlich an der Inhalt von Darmesteter und Hatzfeld, Morceaux choisis des principaux écrivains en prose et en vers du XVIe siècle, publiés d'après les éditions originales ou les éditions critiques les plus autorisées et accompagnés de notes explicatives (Paris, Delagrave 1876. 3. Ausgabe 1885). Zu dieser Chrestomathie fügten die Herausgeber 1878 eine Einleitung, die eine sehr brauchbare Litteraturgeschichte und Grammatik des 16. Jahrhunderts enthält. Beides, Chrestomathie und Einleitung zusammen, erschien alsdann u. b. T. Le seizième siècle en France. Tableau de la Littérature et de la langue, ein Buch, das wie kein zweites in Sprache und Litteratur jenes Zeitalters vorzüglich einführt. Eine ähnliche, ebenfalls recht gute Sammlung von Texten (nebst grammatischer Einleitung) veröffentlichte auch Aug. Brachet: Morceaux choisis des grands écrivains français du XVIe siècle, accompagnés d'une grammaire et d'un dictionnaire de la langue du XVIe s. (Paris, Hachette 1881. 6. Aufl.).

Außer diesen Chrestomathien verzeichne ich hier noch ein paar der wichtigsten größeren Sammlungen von Ausgaben. Da ich wol Bekanntschaft mit den Sammlungen neufranzösischer Litteraturdenkmäler, wie den mit guten Anmerkungen und Glossaren versehenen Grands écrivains de la France von Regnier (Paris, Hachette), Karl Vollmöllers wertvoller Sammlung französischer Neudrucke (Heilbronn, Gebr. Henninger), der bekannten Weidmannschen Sammlung u. a. m. voraussetzen kann, so beschränke ich mich in den folgenden Angaben auf das ältere Französisch. Ich nenne zunächst: Les anciens poètes de la France, publiés sous les auspices de S. Exc. le Ministre de l'Instruction publique et sous la direction de M. F. Guessard (Paris, Vieweg). Erschienen sind 10 Bände, die 14 altfranzösische Chansons de geste enthalten. Unter den Herausgebern finden wir außer Guessard Namen wie Paul Meyer, Sim. Luce, Montaiglon, Michelant, A. Pey, Servois u. a. Im Jahre 1875 konstituierte sich zu Paris eine Société des anciens textes français, die alle Jahre 3—4 Bände altfranzösischer und provençalischer Texte (bis jetzt 33) in durchweg guten Ausgaben, besorgt von G. Paris, Paul Meyer, Ul. Robert, Gast. Raynaud u. a., veröffentlicht; von edierten Texten nenne ich u. a. die Miracles de nostre Dame (7 Bde.), Mistère du viel testament (4 Bde.), das prov. Gedicht Daurel et Beton, Philippe de Remi u. s. w. — Interessante Texte (Chardry, Karls Reise, Octavian, Lothr. Psalter, Lyoner Yzopet, Roland ꝛc.) in zum Teil vorzüglichen Ausgaben von Apfelstedt, W. Foerster, Koch, Koschwitz, Vollmöller u. a. enthält die Altfranzösische Bibliothek, hrsg. von W. Foerster (Heilbronn, Henninger). Eine gleiche Sammlung erscheint seit 1882 zu Paris bei Vieweg u. d. T. Bibliothèque française du moyen âge, herausgegeben von Gaston Paris und Paul Meyer (bis jetzt 5 Bde.). Den Zweck der Publikation von Texten einer bestimmten Gegend verfolgt H. Suchiers Bibliotheca normannica (Halle, Niemeyer; bis jetzt 3 Bände). Erwähnt sei auch, daß sich unter den Publikationen des Stuttgarter Litterarischen Vereins zahlreiche altfranzösische Texte (Alexandre, Jehan de Condé, Renaut, Gui de Cambrai. Barlaam. Durmars u. a. m.) finden. Von Sammlungen, die eine bestimmte Branche altfranzösischer Litteratur umfassen, verzeichne ich nur den von Montaiglon und Raynaud edierten Recueil général et complet des fabliaux des XIIIe et XIVe siècles (Paris, Libr. des Bibliophiles; bis jetzt 5 Bände). Schließlich sei noch eine sehr wertvolle Sammlung von Texten des 15. und 16. Jahrhunderts genannt: Recueil de Poésies françaises des XVe et XVIe siècles morales, facétieuses, historiques, herausgegeben und mit Anmerkungen versehen von A. von Montaiglon und J. von Rothschild (Paris, Jannet 1855 ff., bis jetzt 12 Bände).

Anhangsweise seien von Spezialausgaben altfranzösischer Litteraturdenkmäler hier noch solche namhaft gemacht, die wegen ihrer Ausstattung (durch Glossar, Anmerkungen u. dgl.) besonders dem Anfänger zur Lektüre und zum Studium empfohlen zu werden verdienen. Der Anfänger auf dem Gebiete der romanischen, speziell der französischen Philologie ist in der fraglichen Beziehung bei weitem nicht so gut versorgt, wie z. B. der angehende Germanist oder gar der klassische Philologe: während dem letzteren eigentlich von allen griechischen und römischen Klassikern, dem erstern wenigstens von einer sehr großen Zahl althd., mhd., got., altsächs., ags., an. Texte gut kommentierte bezw. glossierte Ausgaben zur Verfügung stehen, die alles enthalten, dessen der Anfänger zum Verständnis von Sprache und Inhalt bedarf, so ist die Zahl dessen, was in dieser Art dem angehenden Romanisten in die Hand gegeben werden kann, sehr gering. Und gerade von altfranzösischen Litteraturdenkmälern wären derartige Ausgaben noch um so notwendiger, als ja noch nicht einmal leicht zugängliche und genügende grammatische und lexikologische Hand- und Hilfsbücher des Altfranzösischen existieren, mit deren Zuhilfenahme sich der Anfänger in das Verständnis der altfranzösischen Texte hineinarbeiten könnte. Die Herstellung einer altfranzösischen Haus- und Handbibliothek, bestehend aus in der angegebenen Weise ausgestatteten Ausgaben der wichtigsten Litteraturdenkmäler des französischen Mittelalters, wäre eine höchst dankbare Aufgabe für die Romanisten, die hoffentlich bald einmal in Angriff genommen wird. Als vorläufigen Stock und Bestand einer solchen Haus- und Handbibliothek bezeichne ich vor allem die folgenden Ausgaben. Ich nenne mit Fug und Recht an erster Stelle Gaston Paris' Ausgabe des altfranzösischen Alexiusliedes (La vie de Saint Alexis, poëme du XIe siècle et renouvellements des XIIe, XIIIe et XIVe siècles, mit Einleitung, Varianten, Anmerkungen und Glossar herausgegeben von G. Paris und Leop. Pannier. Paris, Vieweg 1872), eine Ausgabe, welche in der Geschichte der romanischen Philologie eine ebenso hervorragende Stelle einnimmt, wie die Zwein-Ausgabe von Benecke und Lachmann ihrerseits in der Geschichte der germanischen Philologie. Und wie lange Jahre hindurch der Zwein in der genannten Ausgabe der erste größere mhd. Text zu sein pflegte, den man dem Studierenden der Germanistik zu Studium und Lektüre empfahl, so kann man auch dem angehenden Romanisten, wie ich glaube, die genannte Alexius-Ausgabe nicht früh genug in die Hand geben: das Studium derselben bildet die beste Grundlage für weitere Arbeiten. In der Einleitung wird der Leser in klarer und bündiger Weise über die Hauptfragen der textkritischen Methode, die Hauptgesetze altfranz. Lautlehre, Metrik u. s. w. orientiert, während die Anmerkungen reiche Belehrung über syntaktische, lexikalische und sonstige Fragen bieten. Nächst dieser Pariſchen Ausgabe sind vor allem die Editionen altfranzösischer Texte, welche Wendelin Foerster besorgte, zu nennen, Ausgaben, die in Einleitungen, Anmerkungen und Glossar meist eine unendliche Fülle von lehrreichen Bemerkungen enthalten und dadurch wie wenige andere Bücher geeignet sind, wahre Kenntnis altfranzösischer Sprache zu vermitteln und zu fördern. Hervorzuheben ist aus seinen vielen Ausgaben besonders die vom Aiol und Elie de St. Gille (Aiol et Mirabel und Elie de Saint Gille, zwei altfr. Heldengedichte mit Anmerkungen und Glossar ꝛc. Heilbronn, Henninger 1882), weil Foerster in den zahlreichen Anmerkungen und im Glossar auf die Bedürfnisse des Anfängers umfänglich Rücksicht genommen hat, dort durch vielfache Erörterung auch von elementareren Fragen der altfranzösischen Grammatik, hier durch Angabe der Etymologie und der Vokalqualität, so daß sich der Anfänger in jeglicher Beziehung unterstützt und gefördert sieht. Wegen dieser Ausstattung sei diese Ausgabe ganz besonders auch solchen empfohlen, welche einen regelmäßigen akademischen Unterricht in romanischer Philologie nicht genossen haben und nicht genießen können. Wenn die weiteren Ausgaben Foersters auch nicht in dem Maße auf die Bedürfnisse des Anfängers Rücksicht nehmen, wie die Aiol-Ausgabe, so dürften sie sich — vor allem dem Vorgerückteren — doch wegen der guten, die Kenntnis des Altfranzösischen und das Verständnis des betreffenden Textes fördernden Anmerkungen vor den meisten Ausgaben anderer zum Studium empfehlen: ich nenne besonders die Editionen von Richars li biaus (Wien, Hölder 1874), Li chevalier as deus espees (Halle, Niemeyer 1877), Lyoner Yzopet (Heilbronn 1883). Eine Gesamtausgabe des bedeutendsten höfischen Epikers des französischen Mittelalters und Lehrmeisters so vieler mhd. Erzähler, des Chrestien von Troyes, hat Foerster in Aussicht gestellt: ein erster Band (Cliges) ist erschienen. In ähnlicher Weise wie Foersters Aiol-Ausgabe tragen den Bedürfnissen des Anfängers Rechnung Koschwitz vortreffliche Ausgabe von Karls des Großen Reise nach Jerusalem und Konstantinopel (2. Auflage. Heilbronn, Gebrüder Henninger 1883; das Glossar fügt zu den einzelnen Wörtern die Etymologie) und Aucassin und Nicolette, neu nach der Handschrift mit Paradigmen und Glossar von Hermann Suchier (2. Aufl. Paderborn, Schöningh 1881). Vom Rolandslied, das als bedeutendster Repräsentant altfranzösischer Volksepik von jedem Anfänger bald gelesen werden muß, empfiehlt sich diesem am meisten die Edition Classique, welche Gautier von demselben besorgte (La chanson de Roland, texte critique, traduction et commentaire, grammaire et glossaire par Léon Gautier. Edition classique. 8. Ausg. Tours, Alfred Mame und Sohn): auch Clédats Rolandsliedausgabe — Paris, Garnier 1886 — kommt den Bedürfnissen des Anfängers entgegen. Eduard Mätzners Ausgabe altfranzösischer Lieder (berichtigt und erläutert mit Bezug auf die prov., altital., mhd. Liederdichtung. Berlin, Dümmler 1853) eignet sich sehr zur Lektüre des Anfängers, da das Verständnis der Texte durch reichliche Anmerkungen und ein ausführliches Glossar in jeder Beziehung erleichtert wird. Auch Toblers Ausgabe des kleinen, hübschen Dit dou vrai aniel (Li d. d. v. a., die Parabel vom echten

Ringe. Französische Dichtung des 13. Jahrhunderts. 2. Aufl. Leipzig, Hirzel 1884) empfehle ich wegen der trefflichen Anmerkungen. Endlich weise ich auf die zahlreichen Ausgaben altfranzösischer Litteraturdenkmale, die August Scheler veranstaltet hat. Wenn diese Ausgaben auch vom kritischen Standpunkt aus betrachtet zumeist außerordentlich mangelhaft sind, so wird der Anfänger doch durch die große Zahl von Anmerkungen, die über Bedeutung der Wörter, altfranzösischen Sprachgebrauch, Syntax u. s. w. reichlichsten Aufschluß geben und über fast alle Schwierigkeiten hinweghelfen, manigfache Förderung und Belehrung empfangen. Ich nenne von Schelers Ausgaben: Dits et contes de Baudouin de Condé et de son fils Jean de Condé p. avec notes et glossaire. 3 Bände. Brüssel 1866—67: Adenet li Rois, Li Roumans de Berte aus grans piés. Brüssel 1874: Les Enfances Ogier. ebd. 1874: Beuves de Commarchis. ebd. 1875: endlich Trouvères Belges du XII° au XVI° siècle. 2 Bände. Brüssel 1876 u. 1879.

Geschichte der französischen Sprache. (Allgemeines, Grammatiken u. s. w.) In großen Zügen orientiert über die Aufgaben der französischen Sprachforschung G. Paris in einem Vortrage: Grammaire historique de la langue française. Leçon d'ouverture (Paris, Franck 1868). — Eine dem jetzigen Stande der romanischen Sprachforschung entsprechende Darstellung der französischen Sprachgeschichte giebt es nicht: alles, was darüber existiert, einige Publikationen sogar der allerletzten Zeit eingeschlossen, ist als ganz veraltet oder wertlos zu bezeichnen. Der angehende Romanist muß daher etwas mühsamer als der klassische Philologe und Germanist, die ihre guten grammatischen Kompendien haben, die Kenntnis der französischen Sprachentwickelung einstweilen — falls er nicht Gelegenheit hat, ein Universitätskolleg über historische französische Grammatik zu hören — aus einer Reihe einzelner Untersuchungen schöpfen, von denen die wichtigsten daher weiter unten verzeichnet werden müssen. Um aber vor allem den Anfänger zu verhindern, daß er seine Zeit an die nutzlose Lektüre jener wertlosen Bücher verzeude, wird es notwendig sein, einige derselben, um vor ihnen zu warnen, hier namhaft zu machen, besonders solche, zu deren Lektüre etwa der eine oder andere durch einen sich hier und dort findenden Hinweis auf dieselben veranlaßt werden könnte. Eine schnelle Aufzählung dieser libri prohibiti wird genügen. So ist heute völlig ungenügend Champollion-Figeacs sprachhistorische Einleitung zu seinem Dictionnaire étymologique de la langue française (Paris 1829 2 Bde.), ebenso Ampères Histoire de la formation de la langue française (Paris 1843, merkwürdigerweise 1871 nochmals aufgelegt). Das Urteil über Edélestand Du Mérils Essai philosophique sur la formation de la langue française (Paris 1852) und A. de Chevallets Origine et formation de la langue française (2. Ausg. 3 Bde. Paris 1858) kann nicht günstiger lauten als das über die Arbeiten von Champollion-Figeac und Ampère. Chevallets Buch kann vielleicht einigen Wert heute nur noch durch ein paar ganz interessante, aber nicht immer völlig richtige Bemerkungen über Volksetymologie im Französischen beanspruchen, die sich im zweiten Bande S. 177 ff. finden. Auch Génins' Buch: Variations du langage français depuis le XII° siècle (Paris 1845) enthält unendlich viele Seltsamkeiten und Paradoxa, so daß es schon bald nach seinem Erscheinen veraltet war, während F. Wens Histoire des révolutions du langage en France (die nur drei Jahre später, 1848, erschien) doch längere Zeit hindurch gewissen Wert behauptete. Das abenteuerlichste und wunderlichste, was wol je über Geschichte der französischen Sprache geschrieben ist, ist das 1872 erschienene Buch Histoire des origines de la langue française von Granier de Cassagnac, worin allen Ernstes die Herkunft des Französischen aus dem Latein geleugnet und dagegen behauptet wird, daß es nur die Fortsetzung der alten gallischen Nationalsprache sei. Mußte man sich beim Erscheinen dieses Buches schon billig wundern, daß 35 Jahre nach dem ersten Erscheinen von Diez' Grammatik und angesichts der Resultate, die durch die Arbeit von Diez' Schülern und Nachfolgern gefördert waren, noch ein Buch wie das Cassagnacs überhaupt möglich war, um wieviel mehr sind wir dann heute, zehn Jahre später, berechtigt, unserer Verwunderung Ausdruck zu geben, wenn noch jetzt Bücher erscheinen, welche an Kritik- und Methodelosigkeit, an Abenteuerlichkeit der darin geäußerten Ansichten dem Buche von Cassagnac auch nichts nachgeben. So ist H. A. Schötensacks Beitrag zu einer wissenschaftlichen Grundlage für etymologische Untersuchungen auf dem Gebiete der französischen Sprache (Bonn 1883 626 (!) Seiten) mindestens um 50 Jahre zu spät erschienen; Sch.s Vorstellungen vom Wesen der Sprachentwickelung sind geradezu antediluvianisch. Etwas besser ist A. Loiseaus Histoire de la langue française, ses origines et son développement jusqu'à la fin du XVIe siècle (Paris, Thorin 1881). Während Schötensack von der Litteratur der letzten Jahrzehnte außer Schuchardts Vokalismus des Vulgärlatein so gut wie nichts kennt, hat Loiseau doch wenigstens eine große Zahl neuerer und z. T. guter Arbeiten zu Rate gezogen und benutzt: leider steht er aber seinen Quellen vollständig kritiklos gegenüber, so daß er oft heute ganz veralteten Arbeiten früherer Jahrzehnte dieselbe Beachtung und denselben Glauben schenkt, wie den neueren, welche dieser Beachtung und dieses Zutrauens wert sind. So kommt es, daß sein Buch ein buntes Gemisch von falschen und richtigen Aufstellungen zeigt, wobei bedauerlicherweise die ersteren die letzteren doch bedeutend überwiegen, so daß wir vor Lektüre auch dieses Buches nicht nachdrücklich genug warnen können, umsomehr, als die Notiz auf dem Titel „Ouvrage couronné par la société des études historiques" den einen oder andern zum Studium des Werkes veranlassen könnte. Meist aus schlechten, veralteten Werken zusammengeschrieben ist der erste, die französische Sprachgeschichte behandelnde Teil von Aubertins: Histoire de la langue et de la littérature françaises au moyen âge (Paris 1878, 2. Aufl. 1883); dieser Teil bleibt am besten ungelesen. Ebenso ist völlig wertlos Pellissiers merkwürdigerweise mehrfach aufgelegter Précis d'histoire de la langue française depuis son origine jusqu'à nos jours (Paris, Didier). — Hier seien auch, allerdings mehr des Titels wegen, E. Littrés Histoire de la langue française (2. Aufl. Paris 1882) und desselben Etudes et glanures pour faire suite à l'histoire de la langue française (Paris, Didier 1880) erwähnt. Wenn auch diese Bände keine Geschichte der französischen Sprache enthalten, wie der Titel erwarten läßt, so findet man in denselben neben überwiegend litterarhistorischen Aufsätzen doch auch einige noch heute lesenswerte Beiträge zur französischen Sprachgeschichte.

Die vorhandenen wissenschaftlichen Grammatiken der französischen Sprache stehen zwar auch alle zusammen nicht ganz auf dem Standpunkte der heutigen grammatischen Forschung, kommen demselben aber doch meist schon sehr viel näher, als die besprochenen Werke allgemeineren sprachhistorischen Inhalts. Eine gute Darstellung der französischen Grammatik in ihrer Gesamtheit (Lautlehre, Formenlehre, Syntax) war lange Zeit Eduard Mätzners Französische Grammatik mit besonderer Berücksichtigung des Latein (Berlin 1856, 2. Auflage 1877). Heute ist der Wert dieses Buches allerdings ein beschränkter. Das erste Erscheinen desselben war in der Geschichte unserer Wissenschaft ein hochbedeutendes Ereignis: nachdem Diez in seinem großen Werke den Grund zu einer wissenschaftlichen Grammatik der romanischen Sprachen gelegt und ihre Entwickelungsgeschichte in großen Zügen zwar — dem Rahmen seines Werkes entsprechend — aber doch meisterhaft klar dargestellt hatte, war Mätzners Arbeit der erste wirklich gelungene Versuch, eine einzelne romanische Sprache ausführlicher wissenschaftlich, d. h. historisch grammatisch zu behandeln. Bis auf den heutigen Tag ist das Buch die relativ bedeutendste Leistung der Art geblieben, wenn es auch den Anforderungen kaum mehr entspricht, die wir jetzt an eine wissenschaftliche, d. i. historische französische Grammatik machen würden. Eine solche Grammatik hätte die Aufgabe, den Entwickelungsgang der Laute, Formen und syntaktischen Fügungen vom Latein ausgehend Schritt für Schritt durch die verschiedenen Entwickelungsstufen des gallischen Vulgärlateins, des Altfranzösischen, Mittelfranzösischen und Neufranzösischen hindurch zu verfolgen, und zwar nicht bloß in dem einen Hauptdialekt, auf dessen Grund die neufranzösische Schriftsprache erwachsen ist (auf die sich z. B. Mätzner wesentlich beschränkt), sondern mit Berücksichtigung aller Dialekte, zumal in der altfranzösischen Epoche, so lange man in den verschiedenen Dialekten schrieb und noch keine Schriftsprache existierte; eine weitere Aufgabe wäre die Entstehungsgeschichte dieser neufranzösischen Schriftsprache und ihre allmähliche Konsolidierung klarzulegen; endlich würde man von einer wissenschaftlichen französischen Grammatik heute verlangen, daß sie nicht bloß die sprachlichen Thatsachen einfach konstatiert, sondern für die Entwickelung derselben Gesetze aufstellt und den bei der Weiterentwickelung und Umgestaltung von Laut und Form 2c. wirkenden Gründen nachgeht, die sprachgeschichtlichen Vorgänge erklärt. Alle diese Aufgaben erfüllt Mätzners Grammatik noch nicht. Der beste Teil dieses Werkes ist heute wol noch die Syntax, wenn sie auch wesentlich nur die neufranzösische Entwickelung berücksichtigt, der schwächste Teil die Lautlehre: in letzterer wird statt vom Latein, dem Anfang der Entwickelung, auf umgekehrtem Wege von der neufranzösischen Gestaltung der Wörter ausgegangen; die neufranzösischen Laute werden einfach mit dem Lateinischen verglichen, auf die Zwischenstufen des Altfranzösischen, durch die allein vieles erst klar wird, wird dabei nur selten gebührende Rücksicht genommen, infolgedessen manches in ganz falschem Lichte erscheint. Trotz dieser Mängel, die einem vor 30 Jahren erschienenen Werke gegenüber dem heutigen vorgeschrittenen Stande der Wissenschaft naturgemäß anhaften müssen, kann das Studium desselben, besonders seines syntaktischen Teils, noch jetzt als ein nützliches bezeichnet werden. — Kann somit für die Mängel der Mätznerschen Grammatik ihr Erscheinen vor drei Jahrzehnten als Erklärung und Entschuldigung dienen, so kann die 1876 zuerst, 1885 in 4. Auflage (Basel, Georg) erschienene Grammaire comparée de la langue française von Ayer diese Entschuldigung ihrer Mängel nicht in Anspruch nehmen: es ist sehr zu bedauern, daß dem Verfasser, der uns im zweiten Teile seiner Grammatik eine originelle, zum Teil vorzügliche Darstellung der französischen Syntax bietet und seine nicht ungewöhnliche Begabung für sprachwissenschaftliche Untersuchungen beweist, anderseits die Resultate der neuesten Forschung auf dem Gebiete der Laut- und Formenlehre meist unbekannt geblieben sind, so daß die darauf bezüglichen sprachhistorischen Bemerkungen im ersten Teile der Grammatik zum größten Teil unzulänglich sind. Ebenso unzulänglich ist daher selbstverständlich Ayers 1875 (Paris und Neuchatel) erschienene Phonologie de la langue française, eine Arbeit, die heute höchstens noch durch die vielfache Bezugnahme auf das Schweizer Französisch einiges Interesse bietet. — Eine wol beachtenswerte Arbeit ist Chassangs Nouvelle grammaire française. Cours supérieur, avec des notions sur l'histoire de la langue et en particulier sur les variations de la syntaxe du XVIe au XIXe siècle (Paris, Gebr. Garnier in vielen Auflagen bereits erschienen). Diese für französische Schulen berechnete Grammatik muß, wenn auch im einzelnen sehr viel zu berichtigen ist, als ein im großen ganzen recht gut gelungener Versuch bezeichnet werden, die Resultate der sprachhistorischen Forschung zu popularisieren, und darf daher warm empfohlen werden. Besonders beachtenswert sind die historischen Bemerkungen über die Wandlungen, welche sich seit dem 16. Jahrhundert in der französischen Syntax vollzogen haben: hier wird nach Mätzners 1843 erschienener historischen Syntax der französischen Sprache zum erstenmale wider unternommen — wenn auch dem Zweck des Buches entsprechend natürlich in viel engerem Rahmen — die französische Syntax in ihrer Gesamtheit historisch zu behandeln, während alle sonstigen Beiträge zur historischen französischen Syntax, wie wir unten sehen werden, stets ein mehr oder minder umgrenztes Gebiet aus dem ganzen herausheben. Dieser syntaktische Teil von Chassangs Grammatik wird allen Lehrern des Französischen, welche mit ihren Schülern Schriftsteller des Jahrhunderts Ludwigs XIV., wie Corneille, Racine, Molière u. s. w. lesen, wol zu statten kommen. Wenn Chassang sich bemüht, in den sich schnell folgenden Auflagen seiner Grammatik dieselbe im einzelnen immer mehr dem jetzigen Stande der Wissenschaft anzupassen, so kann seine Arbeit ein gutes Hilfsbuch werden und zur Verbreitung sprachhistorischer Kenntnisse auf dem Gebiete des Französischen wesentlich beitragen. Aber auch so beschaffen schon, wie sie jetzt ist, darf die Grammatik ein nützliches Buch genannt werden. — Denselben Zweck wie Chassangs Grammatik, nämlich den, die Resultate der historisch-grammatischen Forschung über die französische Sprache zu popularisieren, verfolgt Auguste Brachets Grammaire historique de la langue française avec une preface par E. Littré (Paris, Hetzel u. Co., zuerst 1867 erschienen und seither schon über fünfundzwanzigmal neu aufgelegt. Auch ins Englische übersetzt: A historical grammar of the French tongue, transl. by W. Kitchin. Oxford, Clarendon Press.). Diese Grammatik ist weiter nichts als ein Auszug der Partien über französische Sprache in Diezens romanischer Grammatik. Wie aber diese nicht mehr in jeder Beziehung dem Stande der romanischen Sprachforschung entspricht (s. oben S. 407), ebensowenig Brachets Arbeit. Leider hat sich Brachet nicht die Mühe genommen, die neuen Auflagen seiner Grammatik mit den Fortschritten, die unsere Wissenschaft während der letzten Jahrzehnte in so bedeutendem Umfange gemacht hat, jeweils in Einklang zu setzen. Sonst würden wir diese Grammatik in noch höherem Maße, als wir es jetzt thun dürfen, als ein Hilfsmittel zur ersten Einführung in das historische Studium des Französischen empfehlen können. Immerhin wird man dem Buche von Brachet das große Lob spenden müssen, daß es wie wol wenige andere zur Verbreitung sprachhistorischer Kenntnisse und zur Förderung des Interesses an den Forschungen über französische Sprachgeschichte beigetragen hat. Der Grammaire historique ließ Brachet noch zwei Schulgrammatiken (die Nouvelle grammaire française, fondée sur l'histoire de la langue à l'usage des établissements d'instruction secondaire und die mit Dussouchet zusammen bearbeitete Petite grammaire française à l'usage des classes élémentaires et des écoles primaires, beide bei Hachette erschienen) folgen, die eine Umgestaltung des französischen Elementarunterrichts in den Schulen Frankreichs auf historischer Grundlage anzubahnen bestimmt sind. — Eine Ergänzung zu Brachets Grammatik ist, wie hier gleich erwähnt sein mag, sein Dictionnaire étymologique de la langue française (Paris, Hetzel 1868, seither in mehreren Auflagen): beide zusammen sollen nach des Verfassers Plan einen Cours complet d'histoire de la langue française bilden. Das Wörterbuch behandelt alle Etymologien, die dem Verfasser seiner Zeit als gesichert erschienen, wenn auch heute viele von ihnen gegenüber der vorgeschrittenen besseren Erkenntnis französischer Lautgesetze nicht mehr aufrecht erhalten werden können. Die einzelnen Artikel sind recht instruktiv abgefaßt: die Lautübergänge des Wortes werden erörtert und durch zahlreiche Beispiele belegt, eine Einleitung orientiert über allgemeine etymologische Grundsätze, über die Bestandteile des französischen Sprachschatzes ihrem verschiedenen Ursprung nach, und endlich über die hauptsächlichsten Lautgesetze. Wenn auch in allen diesen Partien des Buches heute sehr viel zu berichtigen und zu ändern ist, so wird das Wörterbuch trotzdem wegen seiner praktischen, von tüchtigem pädagogischen Sinn des Verfassers zeugenden Anlage durch die Anfänger immer noch mit Nutzen gebraucht werden. (Vgl. Mussafias Rezension in der Ztschr. f. d. österr. Gymnasien 1870, S. 736 ff.). — Sprachhistorische Kenntnisse in weiteren Kreisen zu verbreiten und Brachets historische Grammatik in Deutschland zu verdrängen bezw. zu ersetzen, dieses Ziel hatte sich Felix Lindner mit seinem Grundriß der Laut- und Flexions-Analyse der neufranzösischen Schriftsprache (Oppeln, Franck 1881) gesteckt. So gut die Absicht des Verfassers war, und wenn man auch demselben eine gewisse Begabung für sprachwissenschaftliche Forschung wol nicht absprechen kann, so muß sein Buch doch als ein von Anfang bis zu Ende verfehltes bezeichnet werden, das besser ungedruckt geblieben wäre. Der Verfasser ist so wenig mit den Fortschritten der grammatischen Forschung vertraut, ist so wenig in ein richtiges Verständnis französischer Sprachentwickelung eingedrungen, daß er entweder kritiklos längst veraltete Ansichten wiederholt, oder wo er

Eignes bietet, meist im höchsten Grade haltlose, oft phantastische Anschauungen vorträgt, selbst in Fragen, wo die Forschung der letzten Jahrzehnte bereits richtige Resultate gefördert hat.

Es war zu erwarten, daß die Fortschritte, welche die wissenschaftliche, historische Grammatik der französischen Sprache in den letzten Jahrzehnten gemacht hat, auch der französischen Schulgrammatik (für obere Klassen) zu gute kommen würden. In der That sind denn auch schon Versuche genug gemacht worden, die historische Forschung für die Schule nutzbar zu machen (s. auch S. 414). Daß in diesen ersten Versuchen vielfach übers Ziel hinausgeschossen worden ist, das ist begreiflich. Man wird mit sprachhistorischen Bemerkungen im Schulunterricht sehr Maß halten müssen: das Maß dessen, was vorgebracht werden kann und darf und sich mit den Zielen und Aufgaben des französischen Schulunterrichts verträgt, ist ziemlich gering*). Vieles Etymologisieren, wie man es z. B. in manchen Ausgaben der bekannten Weidmannschen Sammlung trifft, oder ein fortgesetztes Erklären der französischen Formen aus dem Latein u. dgl. ist vom Übel, da der Lehrer bei seinen Schülern nicht die dafür meist notwendigen Vorkenntnisse und Fassungskraft voraussetzen kann: altfranzösische Formen dürfen, wie ich glaube, in der Schule selten vorgebracht werden, da sie den Schüler verwirren werden und ihm das Behalten der neufranzösischen eher erschweren als erleichtern; noch gefährlicher ist es, wie z. B. Lücking das in der ältern großen Ausgabe seiner französischen Grammatik thut, vulgär-lateinische Formen beizubringen, da hierdurch die Bemühungen des Lateinlehrers oft illusorisch werden dürften. Ein solches Zuviel von sprachhistorischem Material wird zur Folge haben, daß die Schüler weder das eine noch das andere, weder Neufranzösisch noch Sprachgeschichte lernen werden. Nur da, wo durch sprachhistorische Erklärung das Einprägen einer sprachlichen Thatsache gefördert und erleichtert wird, nur da ist jene am Platze; so ist Sprachhistorie wol angebracht, z. B. wenn Lücking a. a. O. das männliche Geschlecht von été (Sommer) gegenüber la bonté, la pitié durch Anlehnung an le printemps, un automne, un hiver, das weibliche Geschlecht von comète, planète durch Anlehnung an une étoile erklärt oder für Erklärung des grand' in grand'mère, grand'croix, grand'messe darauf hinweist, daß diese Adjektive wie grand früher Communia waren, u. dgl. m. Wenn der Lehrer es versteht, durch solche gelegentliche sprachhistorische Bemerkungen den französischen Schulunterricht zu beleben, so wird ihm daraus ein wesentlicher Vorteil erwachsen: doch gehört ein tüchtiges pädagogisches Talent dazu, das richtige Maß zu halten und zu beurteilen, wo eine sprachhistorische Bemerkung wirklich fördernd sein kann, wo nicht. Ein junger, noch wenig erfahrener Lehrer enthält sich derselben daher lieber, als daß er riskiere, ein gefährliches Zuviel zu bieten. Allein diese gelegentliche Förderung, die dem französischen Schulunterricht in einzelnen Fällen durch Berücksichtigung der historischen Forschung erwächst, ist meiner Meinung nach nicht die Hauptsache. Der bedeutendste Nutzen, den die französische Schulgrammatik aus der historischen wissenschaftlichen Behandlung der französischen Sprache ziehen kann, und den einige Verfasser bereits gezogen haben, ist der, daß es auf Grund historischer Erkenntnis gelingen wird und zum Teil auch schon gelungen ist, dem Sprachstoff eine ganz andere Darstellung, eine bessere, in dem historisch erkannten Wesen der Sprache begründete Systematisierung „nach im Gegenstande selbst liegenden Kategorien" zu geben. Die beste unter allen französischen Schulgrammatiken, die diesem Ziele zustreben, ist die „Französische Grammatik für den Schulgebrauch" von Gustav Lücking (Berlin, Weidman 1883). Dies Buch ist ein Auszug aus dem 1880 erschienenen Verfassers französischen Schulgrammatik. Während dieses ältere Buch in der Verwertung der Sprachhistorie öfters in der oben gerügten Weise über das dem französischen Schulunterricht gesteckte Ziel hinausgieng, und daher kaum

---

*) Man vgl. die inhaltreiche Rezension, die Wend. Foerster von Quintin Steinbarts bekannten französischen Schulbüchern (Das franz. Verbum, Elementarbuch, Methodische Grammatik) in der Ztschr. für nfr. Sprache und Litteratur IV 2 S. 29 ff. giebt. Die von W. F. dort geäußerten Ansichten teile ich durchaus seit Jahren.

dem Schüler in die Hand gegeben werden darf — der Lehrer wird es dennoch stets mit großem Nutzen zu Rate ziehen, — so hat der Verfasser andererseits in der neuen Grammatik mit weiser Beschränkung zumeist das richtige Maß getroffen, in der Systematisierung im großen ganzen eine Musterarbeit geliefert. Es ist ein Buch, wie A. Tobler, Ztschr. f. das Gymnasialwesen 1883 Juni, mit Recht urteilt, „geschrieben aus voller Beherrschung des Gegenstands heraus, mit all der Freiheit, in der ein kräftiger Geist den Objekten seiner Erkenntnis gegenüber steht, in all der Zucht, die er sich auferlegen muß, wenn er sicher sein will, andere zur Zustimmung zu zwingen, und auch sich selbst nicht bloß vorübergehend Genüge zu thun; zugleich mit wol erwogener Beschränkung auf das Wichtige, und doch im Hinblick darauf, daß für weniger Wichtiges und für solches Bedeutsame, das jenseits der Schulsphäre liegt, die Anschlußpunkte gegeben sein sollen." — Nächst Lückings Arbeit darf Phil. Plattners ebenfalls 1883 erschienene Französische Schulgrammatik (Karlsruhe, Bielefeld) wegen guter Systematisierung des Stoffes, klarer Fassung der Regeln, Reichhaltigkeit und Zuverlässigkeit am meisten empfohlen werden (vgl. über dieselbe G. Gröbers Urteil im Litteraturblatt für germ. und rom. Phil. IV S. 186). Aus der zahllosen Menge französischer Schulgrammatiken älteren Datums hebe ich noch heraus: G. Körtings zu ihrer Zeit (Leipzig 1872 verdienstliche Französische Grammatik, ebenso Bernh. Schmitz' Franz. Grammatik (4. Aufl. Berlin 1880), deren syntaktischer Teil besonders gerühmt zu werden verdient. Von außer Deutschland erschienenen französischen Grammatiken nenne ich Breymanns A french grammar based on philological principles (London 1874), und J. Bastins beachtenswerte Étude philologique de la langue française ou grammaire comparée et basée sur le latin (St. Petersburg 1879), wovon 1881 auch ein Abriß der Formenlehre u. d. T. Grammaire historique de la langue française erschien.

Da die oben genannten wissenschaftlichen Grammatiken der französischen Sprache alle mehr oder weniger unzulänglich sind, die von verschiedenen Seiten in Aussicht stehenden Arbeiten dieser Art aber wol noch etwas auf sich warten lassen werden, so bleibt dem angehenden Romanisten einstweilen nichts anderes übrig, als aus einer Reihe von zeitlich oder stofflich sich beschränkenden Einzeluntersuchungen sich selbst ein Bild der französischen Sprachentwickelung zusammenzustellen. Von solchen Einzeluntersuchungen seien im Folgenden die wichtigeren genannt, deren gelegentliches Studium sich empfehlen dürfte.

Eine französische Lautlehre veröffentlichte außer Ayer (s. o. S. 439) auch Aug. Scheler, dessen etym. Wörterbuch weiter unten zu nennen sein wird, u. d. T. Exposé des lois qui régissent la transformation française des mots latins (Brüssel 1875), eine Arbeit, die aber ebensowenig wie die Ayersche den heutigen Anforderungen entspricht und nur als ziemlich reiche Beispielsammlung noch einigen Wert beanspruchen kann. P. Usteris Programmabhandlung Zur Geschichte der französischen Aussprache (Kantonsschule Zürich 1880) orientiert nur ungenügend über wenige Hauptpunkte. — Zur Zeit ihres Erscheinens (1862) eine Arbeit ersten Ranges und auch heute erst in sehr wenig Punkten veraltet ist Gaston Paris' Etude sur le rôle de l'accent latin dans la langue française (Paris, Vieweg), deren Lektüre ich einem jeden warm empfehle. Gleich wertvoll wie Paris' Arbeit über den Accent ist ten Brinks Untersuchung über französische Vokalquantität, die ich oben S. 427 bereits im Zusammenhang mit Böhmers Aufsätzen „Klang nicht Dauer" erwähnt habe und auf die hier nochmals hingewiesen sein mag. — Über einzelne Teile der Lautlehre ist oft gehandelt worden. So waren die unbetonten Vokale häufig Gegenstand der Untersuchung. A. Brachets Du rôle des voyelles latines atones dans les langues romanes (Jahrb. f. rom. Spr. u. Litt. VII, 301 ff. 1866) kommt allerdings zu keinen reinlichen Resultaten, während das Gesetz, welches Ari. Darmesteter, l'honologie française: La protonique non initiale non en position (Rom. V S. 140 ff.) für die unbetonten Vokale im Inlaute vor der Tonsilbe aufstellt, wol im großen ganzen als richtig bezeichnet werden muß, wenn man auch in der Auffassung und Erklärung von einer Reihe Einzelheiten von D. abweichen wird. Die Vortonvokale behandelt auch Ellenbeck (Straßb. Diss. 1884). Die frz.-prov. Auslautsgesetze für die Vokale und Konsonanten formulierte Zupitza in seinem Aufsatze Die nordwestromanischen Auslautsgesetze (Jb. f. rom. Spr. u. Litt. XII, S. 167 ff.) Erscheinungen der französischen Lautlehre finden aus dem Prinzipe der Satzphonetik (s. o. S. 415 f.) Beleuchtung und Erklärung in F. Neumanns Untersuchungen über einige Satzdoppelformen der französischen Sprache (Ztschr. VIII, 243 ff. 368 ff.). Für eine Reihe weiterer Erscheinungen der französischen Lautlehre, speziell der Lehre von den Diphthongen, wurde eine ganz neue Auffassung angebahnt durch des Dänen Vilh. Thomsen lichtvolle Untersuchungen: Remarques sur la phonétique romane: i parasite et les consonnes mouillées en français (Mémoires de la société de linguistique de Paris III, 1876, S. 106 ff.) und E + J en français (Romania V, 64 f.). Weitere Beiträge zur Geschichte der französischen Diphthonge lieferten über ie: Havet, La prononciation de ie en français (Rom. VI, 321 ff., vgl. Suchier Ztschr. II, 292 ff.), G. Paris, Ancien français ie = français moderne é (Rom. IV, 122 ff.), J. Vising über französisches ie = lateinischem a (Ztschr. VI, 372); über oi. ui: Havet, oi et ui en français (Rom. III, 321 ff.) Schuchardt, oi et ni (ebb. 279, IV, 119 ff.), C. Ulbrich, Zur Geschichte des französischen Diphthongen oi (Ztschr. f. rom. Phil. III, 385 ff.), endlich Ph. Roßmann, Französisches oi (Rom. Forsch. I, S. 145 ff.; auch Heidelberg. Diss., vgl. Rom. XI, 604 ff.). Die labialen Vokale werden behandelt von Henry Nicol, on the french labial vowels (Transactions of the phil. society London 1871), G. Paris, o fermé (Romania X, 36 ff., vgl. dazu Neumann, Littbl. f. germ. u. rom. Phil. III, 466 ff., und Böhmer, Wie klang o u, in seinen Rom. Studien III, 597), Wend. Foerster in seinem musterhaften Aufsatz über die Schicksale des lateinischen ō im Französischen (Rom. Stud. III, 174 ff.), Ortenblad, sur le dével. des voyelles lab. ton. du latin dans le vieux français (Upsala 1885. Diss.), Strauch, lateinisch ō im Norm. (Halle, Diss. 1881), und endlich Schultzke, bet. ĕ + i und ŏ + i im Norm. (Halle, Diss. 1879). Eines der schwierigsten Kapitel der französischen Lautlehre bildet die Geschichte der Nasalgruppen; über dieselben schrieb eine vorzügliche Abhandlung P. Meyer, An et en toniques (in Mémoires de la société de ling. de Paris I S. 244 ff.), wozu man die sich mehr oder weniger auf das Altfranzösische beschränkenden Arbeiten von Mebes, die Nasalität im Altfranzösischen (Jb. f. rom. Spr. u. Litt. XIV, 385, konfus und ziemlich wertlos), Engelmann, Entstehung der Nasalvokale im Altfranzösischen und Haase, Das Verhalten der pikard. und wallon. Texte des MA. in Bezug auf a und e vor gedecktem n vergleichen möge (die beiden zuletzt genannten Arbeiten, Hallenser Diss. von 1882 und 1880, bieten ein ganz dankenswertes Material). Zur Geschichte der Konsonanten steuerten bei G. Paris, Français r = d (Rom. VI, 129 ff.), L. Havet, fr. r pour d (ebb. 254 ff.), Ch. Joret, Changement de r en s (z) dans les dialectes fr. (Mémoires de la soc. de ling. III, 154), G. Gröber, f = Dental (Ztschr. II, 459 ff.), A. Horning, du z dans les mots mouillés en langue d'oïl (Rom. Stud. IV, 627 ff.; vgl. Gröber Ztschr. VI S. 186 ff.), Köritz, über S vor Konsonant (Straßb. Diss. 1885); eine Geschichte des konj. Auslauts unternahm P. Kaufmann (Freib. Diss. 1886), die Konsonantenverbindungen untersucht Karsten (ebb. 1884). Verschiedene Einzelheiten behandelt J. Cornu (Rom. VII. 353 ff.).*)

Aus dem Gebiete der französischen Formenlehre wurde mehrmals die Konjugation zur Spezialuntersuchung herausgehoben. So von C. Chabaneau, dessen Histoire et théorie de la conjug. franç. (2. Ausg. Paris 1878) trotz mancher Irrtümer und falschen Auffassungen noch heute des Studiums wert ist (vgl. W. Foersters lesenswerte Rezension Ztschr. f. nfr. Spr. u. Litt. I, 80). Mehr im Hinblick auf die Schulpraxis

*) Weiteres zur französischen Lautlehre wird weiter unten (Altfranzösisch) erwähnt werden.

geben eine Darstellung der französischen Konjugation Lücking, die franz. Verbalformen für den Zweck des Unterrichts beschrieben (Berlin 1875), Breymann in seiner freilich von vielen Fehlern behafteten Lehre vom franz. Verb (München 1882), der ebd. S. 44 noch weitere Arbeiten über denselben Gegenstand zusammenstellt. Über einige Fälle des Wirkens der Analogie in der Entwickelung der französischen Konjugation handelt A. Risop (Ztschr. f. rom. Phil. VII, 45; vgl. Ztschr. f. nfr. Spr. V, 4). Ein sehr wichtiges Kapitel der französischen Konjugation hat eine gründliche Behandlung erfahren durch D. Behrens, Unorganische Lautvertretung innerhalb der formalen Entwickelung des französischen Verbalstammes (Franz. Stud. III, 6): B. bespricht die durch den Accent bedingte ursprüngliche Verschiedenheit des Stammvokals in stamm- und endungsbetonten Formen des Verbs (aimes, amons; lieves, levons etc.) und gibt eine erschöpfende Geschichte dieser Erscheinung bis zum Neufranzösischen; man vgl. dazu die Hallenser Diff. (1880) von Thierkopf, Der stammhafte Wechsel im Normannischen, ferner Cornu, über parler (Rom. IV, 457), aidier, araisnier, mangier (ebd. VII, 420 ff.), Foerster über vaincre und mangier (Ztschr. I, 562 ff.). Manigfache Anregung, wenn auch nicht durchweg reinliche Resultate gewährt Thurneysens geistvolle Schrift Das Verbum être in der französischen Konjugation: Ein Bruchstück aus der Entwickelungsgeschichte der französischen Flexion (Jena 1882). Von kleineren Aufsätzen seien erwähnt Geßner, Das Verbum être als Hülfsverb des reflexiven Zeitworts im Französischen (Jb. XV, 201 ff.) und Foth, Die Hilfsverba in der französischen Tempusbildung (Ztschr. IV, 249).

Einige Hauptkapitel der Wortbildung wurden durch A. Darmesteter vorzüglich untersucht; sein Traité de la formation des mots composés wurde schon oben S. 429 empfohlen, hier kann dasselbe Lob seinem Buche De la création actuelle de mots nouveaux dans la langue française et des lois qui la régissent (Paris 1877) gespendet werden. Rothenberg's Göttinger Dissertation (1880) über Vertauschung der Suffixe in der französischen Sprache bietet das Material in recht übersichtlicher Gruppierung, während Willenberg in seiner Besprechung dieser Arbeit (Ztschr. f. nfrz. Spr. III, 4) die dort gebotenen Thatsachen sprachhistorisch geschickt kommentirt. Die Verbalsubstantivbildung im Französischen und anderen romanischen Sprachen behandelt Egger, Les substantifs verbaux formés par l'apocope de l'infinitif (Paris 1875 = Rev. d. l. rom. VI, 5 ff. 333 ff.). De deminutivis, intentivis, collectivis et in malam partem abeuntibus in francogallico sermone nominibus schrieb E. Etienne (Pariser Thèse 1883). Hier sei auch Lehmanns lesenswerte, wenn auch keineswegs erschöpfende Schrift Bedeutungswandel im Französischen (Erlangen 1884) erwähnt.

Der erste, welcher nach Diez die Syntax einer einzelnen romanischen Sprache in ihrem ganzen Umfange wissenschaftlich, d. i. historisch behandelte, war Ed. Mätzner in seiner Syntax der neufranzösischen Sprache. Ein Beitrag zur geschichtlichvergleichenden Sprachforschung (2 Bände, Berlin 1843), ein Werk, das, wenn auch in Einzelheiten überholt, doch als ganzes noch heute unübertroffen dastehen dürfte. Brintmanns Syntax des Französischen und Englischen in vergl. Darstellung (Braunschweig 1885 ff.) wird weder der Wissenschaft noch der Praxis viel nützen. Einen kleineren Zeitraum behandelt Benoist, de la syntaxe fr. entre Palsgrave et Vaugelas (Paris 1877). Zu dem Besten, was über romanische Syntax geschrieben ist, rechnen A. Toblers Vermischte Beiträge zur Grammatik des Französischen*) (Ztschr. I, 1 ff. II, 389 ff. 549 ff. V, 181 ff. VI, 506 ff. VIII, 481 ff.); trefflich sind auch die Abhandlungen von Geßner, Zur Lehre vom französischen Pronomen (2 Programme des franz. Gymn. zu Berlin 1873, 75; neue Auflage 1885) und Horning, Le pronom neutre il en langue d'oïl (Rom. Stud. IV, 229 ff.).

Sehr zahlreich sind die Arbeiten, welche sich mit einzelnen Perioden der französischen Sprachgeschichte beschäftigen, besonders zahlreich die über das Altfranzösische. Aller-

---

*) [Erscheinen soeben „gesammelt, durchgesehen und vermehrt". Leipzig 1886.]

dings sind es zumeist Detailuntersuchungen, die hier zu nennen sind; die zusammenfassenden Werke, die existieren, sind zum großen Teil veraltet, eine altfranzösische Grammatik, die dem jetzigen Stande der Wissenschaft entspräche, fehlt noch. Die älteren Arbeiten von Orelli, Altfranzösische Grammatik, worin die Konjugation vorzugsweise berücksichtigt wird (Zürich 1830 2. Aufl. 1848), Jallot, Recherches sur les formes grammaticales de la langue française et de ses dialectes au XIII° s. (Paris 1839) und Burguy, Grammaire de la langue d'oïl ou Grammaire des dialectes français aux XII° et XIII° siècles (3 Bde., der 3. enthält ein altfr. Glossar; Berlin 1853 ff., Neudruck 1882) haben heute nur noch den Wert von mehr oder minder zuverlässigen Materialiensammlungen. Die 1873 erschienene Grammaire de la langue d'oïl von Bourguignon war gleich beim Erscheinen Makulatur. Clédats Grammaire elementaire de la vieille langue française (Paris 1885) ist für französische Schulen berechnet und reicht nur für eine oberflächliche Orientierung aus: der Hauptmangel, abgesehen von anderem, ist das Fehlen einer eigentlichen Lautlehre; die zum Schluß gegebenen Tabellen bieten keinen Ersatz dafür. — Die beste umfassendere Arbeit über Altfranzösisch ist Lüdings gründliches und scharfsinniges Buch Die ältesten französischen Mundarten. Eine sprachgesch. Untersuchung (Berlin 1877, vgl. G. Paris Rom. VII, 111 ff. und Suchier, Die Mundart des Leodegarliedes Ztschr. II, 255 ff.). An das Studium von L.'s Arbeit, die im wesentlichen eine Darstellung des Französischen bis zur Mitte des 11. Jahrhunderts (Alexiuslied) sein will, schließe man an die Lektüre der sprachlichen Untersuchungen über das Rolandslied (ich nenne Böhmer, AEJ im Oxforder Roland Rom. Studien I, 599 ff.; Scholle, die a-. ai-. an-, en-Assonanzen in Rol. Jb. XV, 65 ff.; und vor allen Rambeau, Über die als ächt nachweisbaren Assonanzen des Oxforder Textes der Chans. de Rol. Halle 1878), über Gormond (Heiligbrodt, Rom. Stud. III, 501 ff.), über Philipp de Thaun (f. Mall, Li cumpoz Phil. de Thaun. Mit einer Einleitung über die Sprache des Autors. Straßburg 1873), über Karls Reise (f. Koschwitz, Überl. und Sprache der Chanson du Voyage de Charlemagne etc. Heilbronn, 1876; vgl. auch Rom. Stud. II, 1 ff.). Nützliches Material enthalten Knauers Beiträge zur Kenntnis der französischen Sprache des 19. Jahrh. (Jahrb. VIII. X. XI. XII. XIV), ganz interessante Beobachtungen, wenn auch nicht immer richtige Auffassungen bietet Audresen, Über den Einfluß von Metrum, Assonanz und Reim auf die Sprache der altfranzösischen Dichter (Bonn 1874). — [Lautlehre.] Die ziemlich komplizierte Geschichte der altfranzösischen e-Laute hat schon eine umfangreiche Litteratur; Edström hat diese verschiedenen Schriften verzeichnet und die bisher vorgetragenen Theorien kritisch erörtert in seinen Studier öfver uppkomsten och utvecklingen af fornfranskans a-ljud i betonad stafvelse (Upsala, Akad. Abhand. 1883. S. Litblatt IV, 469). Über die sog. vokalisierten Konsonanten des Altfranzösischen handelt Ulbrich (Ztsch. II 522 ff.), über Gemination Faulde*) (ebd. IV, 542). — [Nominalflexion.] Die altfranzösische Deklination der Substantive behandelt bis auf Crestien von Troyes die Dissertation von C. v. Lebinsky (Breslau 1878), neuerdings ergänzt durch Horning (Ztschr. VI, 439) und Schneider, Flexion des Substantivs (Marb. Diss. 1883). Über die Form des Vokativs im Altfranzösischen vgl. Koschwitz (Rom. Stud. III, 493 ff.) und Beyer (Ztschr. VII, S. 23). Die Flexion und attributive Stellung des Adjektivs im Altfranzösischen untersuchte Eichelmann (Marb. Diss. 1879), die afr. Komparation Hammesfahr (Straßburg 1881). Kleinere Beiträge zur Pronominalflexion lieferten Cornu (Rom. VII, 593 über mien) und W. Foerster (Ztschr. II, 91 ff. über das altfr. Pron. poss. abs. femin.). — [Verbalflexion.] Die Verbalformen der ältesten französischen Sprachdenkmäler bis zum Rolandslied eingeschlossen beschrieb sorgfältig Freund (Marb. Diss. 1878), über Einzelheiten handeln Willenberg (der Conj. Präs. der 1. schwachen Konjug. Rom.

---

*) [Vgl. dazu jetzt Sidersbo** in Herrigs Archiv 75.]

Stud. III, 373 ff.), Suchier (über die ui-Perfekta Ztschr. II, 255 ff., hochbedeutend), Wolterstorff (das Perf. der 2. schw. Konj.; Halle. Diss. 1882, nur als Materialsammlung willkommen, vergl. Mussafia Littbl. III, 230), Schuchardt (über Perf. auf -ie Rom. IV, 122), Foerster (über Part. auf -eit -oit Ztschr. III, 105), Horning (über das s in der 1. Perf. Sgl.; Rom. Stud. V, 707 ff.). — *Syntax*.] Mit großem Eifer hat man sich in den letzten Jahren dem lange vernachläßigten Studium der altfranzösischen Syntax zugewandt. Häufig ist der syntaktische Gebrauch eines Schriftstellers seinen Haupterscheinungen nach behandelt in Arbeiten, die freilich mit wenigen Ausnahmen nur schablonenmäßig angelegte Materialiensammlungen sind: so die Syntax des Commines durch Stimming (Ztschr. I, 191 ff. 489 ff. gut), die des Joinville und Villehardouin durch Haase (Oppeln, Franck 1883, gut), die des Froissart durch Riese (Halle, Niemeyer 1880, unzulänglich) und Ebering (Ztschr. V, 324 ff.). Andere Arbeiten behandeln je ein enger umgrenztes Kapitel aus der Syntax. Oft wurde die altfranzösische Wortstellung untersucht: die der ältesten französischen Sprachdenkmäler durch Völcker (Franz. Stud. III, 7), die der Prosalitteratur des 13. Jahrh. durch Krüger (Gött. Diss. 1876), die des Roland durch Morf (Rom. Stud. III, 190 ff. vorzüglich), die des Crestien von Troyes durch Le Coultre (14. Progr. des Bitzthumschen Gymn. zu Dresden; s. Tobler Gött. Gel. Anz. 1875 St. 34), die des Joinville durch Marx (Franz. Stud. I, 3), die von Auc. und Nic. durch Schickum (ebd. III, 3), die von A. Chartier und Gerson durch Höpfner (Leipz. Diss. 1884); über die Wortstellung im altfranzösischen dir. Fragesatz handelte gut A. Schulze in Herrigs Archiv LXXI, 2, 4. Nicht minder häufig ist der Gebrauch des Konjunktivs bei einzelnen Schriftstellern behandelt worden: so der Konjunktiv in den ältesten französischen Sprachdenkmälern von Cuiehl (Kieler Diss. 1881), bei Crestien von Bischoff (Halle, Niemeyer, 1880) und Svenonius (Upsala 1880), bei Wace von Kowalsky (Bresl. Diss. 1882), bei Joinville zweimal von Haase (Progr. Cüstrin 1882) und Rebling (Kieler Diss. 1879), bei Villehardouin von Krollick (Greifswald 1877). Über den Gebrauch des Infinitivs in den ältesten französischen Sprachdenkmälern schrieb gut F. A. Wulff (Lund, 1875; s. Behaghel, Ztschr. I, 575), Wigert (Jönköping 1875), über reinen und präpositionalen Infinitiv Lachmund (Rost. Diss. 1877), über den Infinitiv mit à Soltmann (Franz. Stud. I, 3), über den Infinitiv bei Crestien Schiller (Oppeln, Franck). Ein ebenfalls oft untersuchtes Kapitel der Syntax ist ferner die Lehre vom Participe passé: mit Beschränkung auf das Altfranzösische behandelten die Geschichte des Participe passé Bonnard (Zür. Diss. 1877), Busse (Gött. Diss. 1883), Edström (Göteborg 1879), Nyrop (In Nordisk Tidstrift for Filologie 1879. Neue Serie IV, 1-32), Mussafia (mit Beschränkung auf den Rol. Ztschr. IV, 104 ff.), bis zum modernen Französisch verfolgen die Geschichte Mercier (Paris, Vieweg 1879) und Bastin (Petersburg 1880; s. über beide Nyrop Rom. IX, 614 ff.). Den syntaktischen Gebrauch des Part. Präj. und des Gerundiums erörtert Klemens (Breslau 1884). — Über den Gebrauch der Tempora speziell im Rolandslied lieferte Bockhoff eine Preisarbeit (Münster 1880), Körnig (Bresl. Diss. 1883) schrieb über den Gebrauch des Imperfekts und historischen Perfekts, desgleichen Schlutter (Halle, Niemeyer 1884), über die Anwendung der Tempora Perfectae statt der Tempora Imperfectae Actionis Engwer (Berlin 1884), Klapperich über die historische Entwickelung der syntaktischen Verhältnisse der Bedingungssätze (Franz. Stud. III, 4), Johannsen über den Ausdruck des Concessivverhältnisses (Kiel 1885), Riese über die Nebensätze im Rolandslied (Münster 1885). Vielfach die gleichen Fragen behandeln Klatt (Wiederholung und Auslassung gewisser Form- und Bestimmungswörter; Kieler Diss. 1878) und Hirschberg (Auslassung und Stellvertretung; Gött. Diss. 1879). Die Lehre von den Partikeln der Beiordnung ist gut dargestellt durch Wehrmann (Rom. Stud. V, 383 ff.), ebenso der Gebrauch der Adverbien der Zeit durch Zeitlin (Ztschr. VI, 256, VII, 1). Eine vorzügliche Arbeit ist die von

Raithel über die altfranzösischen Präpositionen, ihren Gebrauch und ihre begriffliche Entwickelung (Gött. Diss. 1875). Speziell über die Präposition de und ihren abnominalen Gebrauch handelt Schlenner (Hall. Diss. 1881). Über den Gebrauch des Artikel im Altfranzösischen vgl. Gellrich (Leipziger Diss. 1881) und Hemme (Gött. Diss. 1870), über die elliptische Verwendung des partitiven Ausdrucks Schneider (Bresl. Diss. 1882), über den Gebrauch des abl. Cas. obl. des altfranzösischen Substantivs Nehry (Berl. Diss. 1882). Die altfranzösische Negationsweise ist ausführlich erörtert durch Perle (Ztschr 11, 1 ff. 407 ff.). — Endlich sei noch auf die Arbeit von Weber (Berl. Diss. 1879) aufmerksam gemacht, welche über den Gebrauch von devoir, laissier, pooir, savoir, soloir, voloir im Altfranzösischen handelt.

Während in den zuletzt genannten Spezialuntersuchungen die Umgrenzung des Stoffes derartig war, daß aus der Gesamtgrammatik ein bald mehr, bald weniger eng umschriebenes Gebiet ausgeschieden wurde, haben andere Arbeiten den Zweck, die Sprache einer bestimmten Gegend oder auch nur eines bestimmten Schriftstellers darzustellen. Solche Beiträge zu einer altfranzösischen Dialektkunde sind gerade in den letzten Jahren außerordentlich zahlreiche erschienen: immerhin bleibt aber auch in dieser Richtung noch sehr viel zu thun übrig, bis wir von einer hinlänglichen Kenntnis altfranzösischer Dialekte sprechen können. Für eine Vertiefung dieser Kenntnis ist erst notwendig, daß die sehr im Argen liegende Erforschung der modernen französischen Dialekte weitere Fortschritte gemacht hat. Beides, Erforschung der französischen Mundarten in ihrer jetzigen wie in ihrer mittelalterlichen Gestaltung, muß Hand in Hand gehen, um wirklich sichere Resultate zu zeitigen. Oft befähigt uns erst die Beobachtung der entsprechenden neufranzösischen Dialekte, die bunten und vieldeutigen Graphieen altfranzösischer mundartlicher Texte richtig zu deuten. — Im Folgenden stelle ich die wichtigeren Beiträge zu einer altfranzösischen Dialektologie zusammen, indem ich mich der landläufigen Einteilung der Dialekte bediene.*)

Wenn wir unsere dialektologische Umschau im Westen beginnen, so sind wir in der Lage, gleich an erster Stelle hier eine Arbeit nennen zu können, welche auch aus anderen Gründen, wegen des ihr innewohnenden wissenschaftlichen Wertes, an erster Stelle genannt zu werden verdient: ich meine die Untersuchung von Görlich über die südwestlichen Dialekte der langue d'oïl (Poitou, Aunis, Saintonge, Angoumois) in den Französischen Studien III, 2, die auf Grund eines zwar spärlichen litterarischen, aber umfänglicheren urkundlichen Materials eine Darstellung jener Dialekte bietet, so gründlich und erschöpfend, wie sie kaum von einem anderen altfranzösischen Dialekt bis jetzt unternommen ist. Einige Ergänzungen bietet Tendering in seiner Laut- und Formenlehre des poit. Katherinenlebens (Herrigs Arch. 67, vgl. dazu dess. Programm Barmen 1885), während eine ältere Arbeit über den poitevinischen Dialekt des 13. Jahrhs. von Boucherie (Paris 1874) durch Görlich antiquirt ist. — Die Erforschung des Altnormannischen

---

*) Ich verkenne keineswegs, daß diese Scheidung in pit., lothr., norm. u. a. Dialekte im Grunde eine durchaus willkürliche ist (wie überhaupt jede Dialekteinteilung): denn nirgends findet sich eine scharfe Grenzlinie von einem Dialekt zum andern, sondern gewisse Erscheinungen greifen von einem Gebiet auf das andere über. Man hat in letzter Zeit daher öfters die Forderung gestellt, man solle nicht nur Grammatiken von begrenzten Dialektgebieten, sondern solche von Sprachprozessen anlegen („la géographie des caractères dialectaux bien plus que celle des dialectes"), wobei kann die ganze zeitliche und räumliche Ausdehnung zu umfassen wäre. Mit Recht wurde zur Begründung solcher Forderung betont, daß das Ziel der Sprachwissenschaft doch schließlich Erkenntnis und Darstellung von Sprachprozessen, nicht statistische Bearbeitung von zeitlich und örtlich umgrenzten Sprachzuständen sei. Trotzdem hat man an der Zusammenfassung relativer Spracheinheiten mit einer Reihe gemeinsamer Erscheinungen als „Dialekt", „Mundart" aus praktischen Gründen festgehalten, und so werde ich denn auch von pit., norm. u. a. französischen Dialekten sprechen, darunter begreifend die Summe von Erscheinungen, die speziell in Denkmälern, welche aus der Pikardie, Normandie u. s. w. stammen, auftreten. Vgl. P. Meyer, Rom. IV, S. 294. Nörrenberg in Paul und Braunes Beiträgen zur Geschichte der deutschen Sprache und Litteratur IX, 372.

hat bedeutende Förderung durch H. Suchiers treffliche Bibliotheca Normannica erfahren (Halle 1879 ff.), besonders sei auf S.'s grammatischen Erörterungen in Bd. I (Norman. Reimpredigt) und Warncke's Darstellung der Sprache der Marie de France in Bd. III (wozu Ztschr. IV S. 223 ff. zu vergleichen ist) hingewiesen. Reiches statistisches Material über denselben normannischen Dialekt enthalten die Arbeiten von Meister und Fichte (Flexion des Oxf. Psalter Halle 1877; Flexion im Cambr. Psalter ebd. 1879), zu denen die lautlichen Untersuchungen von Haarseim und Schumann (Vok. u. Kons. im Oxf. Ps.; Rom. Stud. IV, 273 ff.; Vok. u. Kons. des Cambr. Ps.; Franz. Stud. IV, 4) wichtige Ergänzungen sind. Über die Verbalflexion der altfranzösischen Quatre Livres des Rois handelt Merwart in einem Programm der Realschule Wien-Leopoldstadt (1880). Die Sprache normännischer Dichter aus der 2. Hälfte des 12. Jahrhs. ist mehrfach untersucht, so die des Benoit von Ste. More in der Habilitationsschrift von Settegast (Leipzig 1876) und durch Stock (Rom. Stud. III, 443 ff.), die von Wace durch Andresen (Roman de Rou Heilbronn 1878) und Pohl (Rom. Forsch. II), die von Guillaume le clerc de Normandie durch Seeger (Hall. Diss. 1881) und Schmidt (Rom. Stud. IV, 493 ff.); die von Estiene de Fougères durch Kehr (Bonner Diss. 1885) und Kremer (Marb. Diss. 1885). Man vergleiche endlich noch Barnhagen über altnorm. e in Ztschr. III, 161 ff. — Zahlreich sind in den letzten Jahren die Untersuchungen über die eigentümliche Entwickelung des normannischen Dialekts auf englischem Boden. Man orientiert sich über dies sog. Anglonormannisch am besten in folgenden Arbeiten: Suchier, über die Vie de St. Auban (Halle 1876), Uhlemann über denselben Text (Rom. Stud. IV, 543 ff.), Kochs Chardry-Ausgabe (Afr. Bibl. Bd. I), Brekke, Flexion dans le voyage de Brandan (Paris 1885), Hammer, Sprache des Brandan (Ztschr. IX, 75 ff.), Rolfs über die Adgarlegenden (Rom. Forsch. I, 179 ff.), endlich Vising, Etude sur le dialecte anglo-norm. du XIIe s. (Upf. Diss. 1882). — Eine verhältnismäßig umfangreiche Litteratur, dazu zahlreiche bestimmt datierte und lokalisierte Urkunden (für mundartliche Untersuchungen stets die beste Grundlage) vermittelten bereits eine ziemlich eingehende Kenntnis des Altpikardischen. Seit A. Tobler (Dis dou vrai aniel Leipzig 1871, 2. Aufl. 1883) und G. Paris (La vie de St. Alexis Paris 1872 S. 267 ff.) die Grundlinien einer altpikardischen Lautlehre gezogen hatten, waren zahlreiche Forscher bemüht, das dort in großen Zügen gezeichnete Bild jenes Dialektes weiter auszuführen. Vorwiegend auf urkundlichem Material basierten die Untersuchungen von N. de Wailly, Observations grammaticales sur des chartes françaises d'Aire en Artois (Bibl. de l'école des chartes XXXII 291 ff., statist. Material), G. Raynaud, Etude sur le dialecte picard dans le Ponthieu 1254—1333 (ebd. XXXVII 5 ff. 317 ff. sep. Paris 1876), F. Neumann, Zur Laut- und Flexionslehre des Altfranzösischen hauptsächlich aus Urkunden von Vermandois (Heilbronn 1878), D'Herbomez, Etude sur le dialecte du Tournaisis au XIIIe siècle (in Bd. XVII der Mém. de la soc. hist. et. litt. de Tournai, wozu Schwates Hall. Diss. 1881 über die Mundart von Tournai zu vergleichen ist). - Die Sprache pikardischer Litteraturdenkmäler, bezw. pikardisch gefärbter Handschriften findet man behandelt u. a. in Suchiers Ausgabe von Aucassin und Nicolette (Paderborn 1878 S. 57 ff.), in Foersters Chev. as II espees (Halle 1877 S. XXXII ff.) und Richars li biaus (Wien 1874, vgl. dazu Knauers Progr. Zur afr. Lautlehre Leipzig 1876), in Vollmöllers Münch. Brut (Halle 1877, vgl. dazu Jenrichs Hall. Diss. 1881), ferner bei Pink, über die Sprache Phil. Mousketes (Erlang. Diss. 1882), Zingerle, über die Mundart des Raoul de Houdenc (ebd. 1880), Schwan, über Philipp de Remi (Rom. Stud. IV, 351 ff.). Schließlich mögen noch zwei Hall. Dissertationen von 1881 genannt sein, deren eine von Siemt über lateinisches e vor e und i im Pikardischen, die andere von Zemlin über den Nachlaut i in den Dialekten Nord- und Ostfrankreichs handelt, Arbeiten, die freilich nichts weiter als ein dankenswertes Material bieten. — Eine im großen ganzen sorgfältige Darstellung des alten Dialekts der Ile de France lieferte

Metzke in Herrigs Archiv 64, wozu die Arbeit von Lorenz über die Sprache des Garnier von Pont-St.-Maxence (Hall. Diss. 1880) verglichen werden mag. Die zwei bedeutendsten Repräsentanten des alten Dialektes der Champagne sind der höfische Epiker Crestien de Troyes und der Historiker Joinville: beider Sprache fand des öftern Behandlung: über Cr.'s Mundart vergleiche man Lücking in seinem Die ältesten frz. Mundarten S. 199 ff., und vor allem jetzt Foersters grammatische Einleitung zu seiner Cliges-Ausgabe (Halle 1885 S. LIII ff.), über Joinville N. de Waillys Material im Mémoire sur la langue de Joinville (Bibl. de l'école des chartes XXIX, 329 ff., XLIV, 12 ff.), dazu desselben Gelehrten abgerissene Observations sur la langue de Reims au XIII" s. (Mém. de l'Institut des Inscriptions et Belles Lettres XXVIII, 287 ff.). — Der altlothringische Dialekt wurde unter steter Berücksichtigung auch der modernen lothringischen Mundarten trefflich dargestellt durch Fr. Apfelstedt in seinen Grundzügen der Grammatik des altlothringischen Dialekts, welche er seiner Ausgabe des Lothringischen Psalters (Afr. Bibl. IV) vorausschickte: frühere Untersuchungen über denselben Dialekt von Fleck (Marburg 1877), Bonnardot (Rom. II, V) u. a. m. sind in A.'s Darstellung hineinverarbeitet worden. Über die bisher noch sehr wenig erschlossene altburgundische Mundart vergleiche man P. Meyer Romania VI, S. 39 ff. — Eine genauere Kenntnis des alten Dialekts der Franche Comté vermittelt zu haben, ist das Verdienst von Foerster, der in der Einleitung zum Lyoner Ysopet (Afr. Bibl. V) ein zwar gedrängtes, aber doch klares Bild des bis dahin noch wenig bekannten Dialektes entwirft, wozu die sprachliche Untersuchung von Breuer über den von Mignard edirten Girart de Rossillon als Ergänzung dienen kann (Bonner Diss. 1884).

Die Spezialuntersuchungen, welche sich mit der Entwickelung der französischen Sprache vom 16. Jahrh. an beschäftigen, beschränken sich dabei fast durchweg auf die neufranzösische Schriftsprache. Oft ist in den letzten Jahren die Sprache des 16. Jahrh. speziell Gegenstand der Forschung gewesen: eine gedrängte kurze Grammatik derselben (Laut- u. Formenlehre, und Syntax) bieten Darmesteter und Hatzfeld in ihrem Buche Le XVIᵉ siècle en France (Paris) und Brachet in seinen Grands écrivains du XVIᵉ s. (ebd.). Vor allem suchte man auf Grund der Grammatikerzeugnisse die Aussprache des 16. und der folgenden Jahrhunderte festzustellen. Ein älterer Versuch in dieser Richtung von Livet (Gram. franç. et les grammairiens au XVIᵉ s. Paris 1859) wurde in unsern Tagen in hohem Maße übertroffen durch das treffliche Werk von Thurot: De la prononciation française depuis le commencement du XVIᵉ siècle d'après les témoignages des grammairiens (Paris 1881 ff. 2 Bände u. Reg.). Da die älteren Grammatiker meist schwer, zum Teil uns gar nicht zugänglich sind, so ist erst durch Th.'s sorgfältige und zuverlässige Zusammenstellungen ihrer Aussprache-Angaben eine allseitigere Beteiligung an der Erforschung des in Frage stehenden Gebietes ermöglicht worden. Neben diesen umfänglicheren Werken verdienen noch einige Spezialuntersuchungen genannt zu werden: so Lütgenaus J. Palsgrave und seine Aussprache des Französischen (Bonn. Diss. 1880), Lange, vokalischer Lautstand der französischen Sprache des 16. Jahrhs. (Elbing 1883), Thoene, Die lautlichen Eigentümlichkeiten der franz. Sprache ꝛc. (Göttingen 1883); Lüdking, Der konf. Auslaut nach Th. Beza (Berlin, Progr. 1874), Talbert, De la prononciation de la lettre ü au XVIᵉ s. (Paris 1876, dazu A. Darmesteter Romania V, 394 ff.). — Die Syntax des älteren Neufranzösisch, bezw. der syntaktische Gebrauch einzelner Schriftsteller des 16. Jahrhs. fand oft Behandlung, umfassender durch Benoist in seinem schon oben erwähnten Buche De la syntaxe fr. entre Palsgrave et Vaugelas (Paris 1877), mit Beschränkung auf bestimmte Schriftsteller durch Lidforß, Observ. sur l'usage synt. de Ronsard (Lund 1865), Glauning, Essai sur les archaïsmes synt. de Montaigne (Herrigs Arch. XLIX), Haase und Jensen über die Syntax Garniers (ersterer Franz. Stud. V, 1, letzterer Kieler Diss. 1885), Gräfenberg, Zur Syntax des 16. Jahrhs. (Erlangen 1885),

Vogels, Syntaktischer Gebrauch der Tempora und Modi bei Larivey im Zusammenhang der historischen französischen Syntax (Rom. Stud. V, 445 ff.), List, über den syntaktischen Gebrauch bei Voiture (Frz. Stud. I) u. a. m.

Die Spezial-Arbeiten, welche sich auf Erscheinungen des jetzigen, lebenden Neufranzösisch beziehen, verfolgen zumeist praktische Ziele der Spracherlernung u. dgl., kommen an dieser Stelle daher nicht weiter in Betracht. Genannt seien hier nur noch drei dankenswerte Beiträge zur neufranzösischen Lautlehre: Harth handelte über die Qualität der neufranzösischen Vokale (Ztschr. f. nfr. Spr. V, 7), Jäger über die Quantität derselben (Frz. Stud. IV, 2); endlich nenne ich Wulffs lesenswerte Några ord om aksent i allmänhet och om den moderna Franska aksentueringen i synnerhet (in Forh. ved det Nord. Filologm. i Kristiania 1881 S. 169 ff.).

Eine bedeutsame Lücke in der wissenschaftlichen Erforschung des Französischen ist in dem Umstande zu erblicken, daß von den modernen französischen Dialekten erst sehr wenige eine den jetzigen Anforderungen der Linguistik entsprechende Behandlung gefunden haben. Abgesehen von wenigen gleich zu nennenden Arbeiten rührt das meiste her von Dilettanten, die meist mit mehr Begeisterung als Beruf, ohne genügende Vorbildung und Übung, ohne allgemein phonetische Kenntnisse, ohne Vorstellung von der Wichtigkeit einer genauen Transskription, ohne einen Begriff von sprachlichem Leben und ohne bestimmte Anschauungen über das Verhältnis von Schriftsprache und Mundart u. a. m. an die Arbeit giengen, deren Resultate demgemäß für die Wissenschaft fast durchweg gleich Null sind. Von Rechts wegen sollte dies Studium der modernen Mundarten im Vordergrund stehen, wenn die historische Grammatik nicht ein Fragment bleiben soll. So wie die Sachen im Augenblick liegen, weist die historische Behandlung der französischen Sprache in der Mitte einen Bruch auf: bis zum Ausgang des Mittelalters Geschichte der Dialekte, vom 15., 16. Jahrh. an Geschichte der neufranzösischen Schriftsprache. Das muß anders werden: die Geschichte der französischen Dialekte muß bis zur Neuzeit fortgeführt werden: erst dann wird das Bild der französischen Sprachentwickelung ein vollständiges werden, abgesehen davon, daß wir erst aus der Beobachtung der lebenden Dialekte einen sicheren Maßstab für die Richtigkeit unserer Schlüsse aus den mittelalterlichen Schreibungen entnehmen. Glücklicherweise ist in der genannten Richtung schon für die nächste Zeit Gutes zu erhoffen von einem jüngeren französischen Gelehrten (Gilliéron), der für die Aufgabe nicht bloß die nötige Begeisterung, sondern auch die noch notwendigere Befähigung mitbringt und für letztere bereits rühmliches Zeugnis geliefert hat. — Das, was von Forschungen über neufranzösische Dialekte Anspruch auf das Prädikat Wissenschaftlichkeit machen kann, ist schnell genannt*). Zu den besseren Arbeiten auf dem fraglichen Gebiet sind, wenigstens zum Teil, die Studien Ch. Jorets über das Neunormannische zu rechnen, besonders seine letzten Arbeiten Des caractères et de l'extension du patois normand (Paris 1883) und seine Mélanges de Phonétique Normande (ebb. 1884), während eine frühere Arbeit desselben, sein Essai sur le patois normand du Bessin (zuerst in den Mém. de la soc. de ling. III ff., dann in Paris 1881 als besonderes Buch erschienen) nicht in jeder Beziehung auf der Höhe der Wissenschaft steht. Daß freilich auch die erstgenannten Arbeiten nicht frei von zum Teil bedeutenden Mängeln sind, hat Gilliéron Rom. XII, S. 393 ff. eingehend nachgewiesen (vgl. dazu Rom. XIII, S. 114 ff. Joret und Gilliéron). — Zu ihrer Zeit recht anerkennenswerte Leistungen, heutzutage jedoch wegen der ungleichmäßigen und unpräzisen Lautbezeichnung nur bedingt verwertbar sind die Arbeiten von Ch. Grandgagnage über die wallonische Mundart: sein Dictionnaire étymologique de la langue wallone (2 Bde., Brüssel 1845; 50, 80), sein Vocab. des noms wallons d'animaux, de plantes et de minéraux (ebb. 1857) u. a. m. Auch Altenburgs Darstellung

---

*) Zu größerer Zahl sind dial. Arbeiten genannt und besprochen bei Sachs in dem oben S. 410 citierten Artikel. Neuere Darstellungen des Pariser Französisch bespricht Koschwitz Ztschr. f. nfr. Spr. Bd. VI² S. 38.

der Wallonischen Mundart nach ihren wichtigsten Lautverhältnissen (Eupen, Progr. 1880, 81, 82.) entspricht mit seiner ungenügenden Transskription und sonstigen Mängeln wenig den Forderungen der modernen Dialektologie, kann aber doch wegen einer ziemlich reichen Fülle von Beobachtungen als der Berücksichtigung wert bezeichnet werden. Ebenso muß als dilettantisch das in Nancy 1881 erschienene Buch von Adam, Les patois lorrains bezeichnet werden, während des alten Oberlin Essai sur le patois des environs du Ban de la Roche (Straßburg 1775) für seine Zeit wenigstens hervorragend genannt werden kann. Bessere Beiträge zu einer lothringischen Dialektkunde lieferten Rolland (Vocab. du patois du pays Messin [Remilly] Rom. II und V) und Lahm (Le patois de Labaroche [Val d'Orbey] Rom. Stud. II, 61)*). — Sehr eifrig und gut hat man sich in der letzten Zeit der romanischen Dialekte in der französischen S.W.-Schweiz angenommen. Wir betreten hier allerdings ein Gebiet von Mundarten, die man neuerdings nicht mehr wie früher zu den französischen Mundarten im engeren Sinne zu rechnen pflegt. Die romanischen Idiome der Südwestschweiz bilden vielmehr zusammen mit denen Savoyens und der daran angrenzenden Gebiete Italiens, des Nordens der Dauphiné, eines Teils des Lyonnais, des südlichen Burgund, der Franche Comté und eines Teils des Vogesen=Departements eine bis zu einem gewissen Grade selbständige Gruppe für sich, welche man nach Ascolis Vorgang mit dem Namen „Franco=Provenzalisch" bezeichnet. Die Selbständigkeit dieser Gruppe von Dialekten, welche früher zum Teil als französische, zum Teil als provenzalische Mundarten angesehen wurden, erkannt zu haben, ist das Verdienst des eben genannten Ascoli, der diese seine Ansicht in den glänzenden Schizzi franco-provenzali niedergelegt hat (Arch. glott. ital. III, 61—130; vgl. dazu P. Meyers Einwände Rom. IV, 294 ff. und Ascolis Antwort darauf in Bd II, S. 385 des Archivs). Während Ascoli sich in seinen „Schizzi" natürlich auf eine gedrängte Darstellung der Hauptcharakteristika der ganzen Gruppe beschränkt, haben andererseits mehrere Einzel=Dialekte bereits tüchtige Bearbeiter gefunden. So vor allen die Dialekte der Südwestschweiz in Cornu, Gilliéron, Häfelin u. a. Ich stelle die auf diese Mundarten bezüglichen Untersuchungen hier kurz zusammen. Eine Introduction à l'étude des dialectes du pays romand von Ayer (Neuchatel 1878) muß als oberflächlich und kaum lesenswert bezeichnet werden. Von größerer wissenschaftlicher Bedeutung sind die Arbeiten von Fr. Häfelin, die im ganzen sorgfältige und zuverlässige Zusammenstellungen enthalten, wenn auch im einzelnen manches mangelhaft erscheint (so vor allem die nicht in jeder Beziehung glückliche Transskription). Die Abhandlungen über die romanischen Mundarten der Südwest=Schweiz (Ztschr. f. vgl. Sprachf. XXI; vgl. Cornu Rom. II, 375, III 422) beziehen sich im wesentlichen auf die Mundart von Neuchatel; daran schlossen sich dann etwas später H.s Recherches sur les patois romans de Fribourg (Jahrb. für rom. u. engl. Sprache u. Litt. XV; vermehrt um einige Zugaben: Les patois romans du canton de Fribourg. Gramm., choix de poésies pop., gloss. Leipzig 1879). Außerst wertvoll sind die verschiedenen Beiträge zur franco=prov. Dialektkunde von Jules Cornu: so seine Chants et contes pop. de la Gruyère (Rom. IV), Le ranz des vaches de la Gruyère et la chanson de Jean de la Bolliéta (Mit Gloss., Rom. Stud. I, 358), Phonologie du Bagnard (Rom. VI, 369—427), Métathèse de ts en st et de tz en zd (Rom. VI, 447; vgl. über dieselbe Erscheinung im savoyischen Dialekt Banquier Rom. V, 491), Déclinaison de l'article maintenue jusqu'à ce jour dans le Valais (Rom. V, 253). Eingehender noch als Cornu hat sich dann in neuerer Zeit mit dem walliser Dialekt der schon oben erwähnte Gilliéron beschäftigt. Er veröffentlichte einen Petit atlas phonétique du Valais roman: sud du Rhone (Paris 1881) und außerdem die Darstellung eines enger umgrenzten Dialekts: Patois de la commune de Vionnaz (Bas-Valais) in der Pariser Bibliothèque de l'école des

*) [Vgl. jetzt noch Horning, Zur Kunde des Neuwallonischen; Zur Kunde der rom. Dialekte der Vogesen und Lothringens, Ztschr. f. rom. Phil. IX.]

hautes études Fasc. 40, beides Arbeiten, die unbestritten zu den besten Erscheinungen der romanischen Dialektforschung zu rechnen sind. — Dem lyoneser Dialekt alter und neuerer Zeit haben verschiedene Forscher neuerdings ihre Thätigkeit gewidmet, vor allen Philippon, dem wir außer einer zuverlässigen Phonétique lyonnaise au XIVe siècle (Rom. XIII, 542 ff.) eine Sammlung von Textes inédits ou rares en dialecte lyonnais (Lyon, Georg) verdanken. Der Très humble essai de phonétique lyonnaise von Nizier du Puitspelu (1885) ist im Grunde das Werk eines mit linguistischer Methode wenig vertrauten Dilettanten, dessen Arbeit als fleißige Materialiensammlung immerhin einigen Wert besitzen würde, wenn dieser nicht wieder durch den Mangel einer genügenden Transskription bedeutende Einschränkung erhielte. Zwei recht dankenswerte Beiträge zur Kenntnis des alten lyoneser Dialekts sind die Arbeiten von H. Flechtner (Die Sprache des Alexanderfragments des Alberich von Besançon. Straßb. Diss. 1882)*) und A. Zacher (Beiträge zum Lyoner Dialekt; Bonn. Diss. 1884), von denen der erstere, das Alexanderfragment und die Werke der lyoneser Dichterin Marguerite d'Oyn, der letztere vor allem alte Lyoner Urkunden zu Grunde legte, dergestalt daß beide Untersuchungen sich gegenseitig zu ergänzen geeignet sind. Für den altlyoner Dialekt mag endlich auch auf Petrus Waldus' Bibelübersetzung hingewiesen werden, worüber Grützmacher in seinem Artikel: Die Waldensische Bibel und Sprache (Herrigs Arch. XVI S. 369 ff.) orientiert (vgl. auch Apfelstedt, Rel. Dichtungen der Waldenser in Herrigs Arch. LXII und Ztschr. IV; P. Meyer, Rev. crit. I. 36; Grützmacher, Jahrb. IV, 372 ff.). — Den Schluß dieser Angaben über das Franco-Provenzalische möge der Hinweis auf die Darstellung eines Dialekts machen, der allerdings nur halbwegs zu der in Frage stehenden Gruppe gerechnet werden darf, der zwar manche Züge mit den Mundarten Ostfrankreichs gemeinsam hat, in anderer Hinsicht sich aber auch zur ital. Gruppe stellt; ich meine Nigras Fonetica del dialetto di Val-Soana, Canavese (Arch. glott. ital. III).

Französische Lexikographie**). Während die übrigen romanischen Sprachen noch keine eigentlich wissenschaftliche Inventarisierung ihres Wortschatzes aufzuweisen haben, besitzen wir für das Französische bereits eine solche in E. Littrés großartigem Dictionnaire de la langue française (4 Bde. 4° u. Suppl. Paris 1863—72), in dem alle Gebiete lexikographischer Forschung (Bedeutungslehre, Phraseologie, Synonymik, Wortgeschichte, Etymologie u. s. w.) Berücksichtigung gefunden haben. Das Werk hat zwar seine Mängel: die Bedeutungsentwickelung und wortgeschichtlichen Partieen sind oft unzulänglich***), die Belege sind einfach chronologisch ohne Rücksicht auf die Arten der Verwendung und deren Alter geordnet, die Etymologien stehen oft auf schwachen Füßen u. a. m. Allein wenn man erwägt, daß die Bearbeitung eines solchen wissenschaftlichen Wörterbuches einer Sprache, wie es Littré geplant, die Kräfte eines einzelnen weit übersteigt, und dann bedenkt, daß Littré den Mut besaß, die Aufgabe doch allein nicht bloß zu übernehmen, sondern auch zu Ende zu führen†) — so muß man bewundernd vor diesem herrlichen Denkmal ehernen Fleißes und Energie, umfangreichen Wissens und glänzenden Scharfsinns stehen. — Während Littré, vom Neufranzösischen zwar ausgehend, in den historischen Partieen doch die Gesamtentwickelung der französischen Sprache zu umfassen strebt, haben andere lexikographische Unternehmungen sich stets auf eine bestimmte Periode beschränkt. Als eine der empfindlichsten Lücken der romanischen Philologie wurde lange Zeit hindurch der Mangel eines wirklich genügenden, den Anforderungen der Wissenschaft entsprechenden altfranzösischen Wörterbuches empfunden. Diese Lücke sucht Fr. Gode-

---

*) Vgl. dazu K. Müller, Die Assonanzen im Girart von Rossillon (Franz. Stud. III, 5) Anhang.

**) Über Geschichte der franz. Lexikographie vgl. u. a. R. Schwarze, Die Wörterbücher der französischen Sprache vor dem Erscheinen des Dictionnaire de l'Academie. Jen. Diss. 1876.

***) Ein rein historisches Wörterbuch steht von einem französischen Gelehrten in Aussicht, das der Akademie ist unvollendet und unzulänglich.

†) Vgl. Littrés Causerie Comment j'ai fait mon dictionnaire. In Études et Glanures. Paris 1880 S. 390 ff. Deutsch von Bettelheim. Leipzig 1880.

froy mit seinem Dictionnaire de l'ancienne langue française et de tous ses dialectes du IX⁰ au XV⁰ siècle (Paris 1881 ff. bis jetzt 4 Bände 4⁰, die bis I. reichen) auszufüllen. Zwar leistet dieses Wörterbuch durchaus nicht das, was wir von einem solchen Werke beim jetzigen Stande der Forschung zu fordern berechtigt sind; der Hauptfehler ist der, daß — während ein wissenschaftliches altfranzösisches Wörterbuch den ganzen altfranzösischen Wortschatz bieten müßte — G. alles unberücksichtigt läßt, was das Neufranzösische und Altfranzösische gemein haben; dazu Mängel im einzelnen: oft unglückliche Gruppierung der Bedeutungen, welche kaum die Entwickelungsgeschichte derselben erkennen läßt, bisweilen unbefriedigende Art des Citierens u. a. m. Trotz dieser Unvollkommenheiten muß G.'s Werk im Vergleich zu dem, was vor ihm in dieser Richtung versucht worden ist, als eine hervorragende Erscheinung bezeichnet werden. Da bis zur Vollendung des gewaltigen Werkes wol noch eine Reihe von Jahren verfließen wird, man dennoch für eine Reihe von Buchstaben des altfranzösischen Wörterbuches nach wie vor auf die früheren, jetzt nur noch relativen Wert besitzenden Hilfsmittel angewiesen ist, so sei derselben hier noch kurz gedacht. Das altfranzösische Wörterbuch, das Roquefort u. d. T. Glossaire de la langue romane Paris 1808 ff. erscheinen ließ, wurde schon oben S. 403 erwähnt. Was das noch ältere, am Ende des vorigen Jahrhunderts entstandene und bis 1876 nur im Manuskript vorhandene altfranzösische Wörterbuch von La Curne de Ste.-Palaye anbetrifft, so war dasselbe zu seiner Zeit zwar eine ansehnliche Leistung, ist aber heutzutage kaum noch geeignet, der Wissenschaft zur Förderung zu dienen: der Neudruck, den L. Favre davon veranstaltete und u. d. T. Dictionnaire historique de l'ancien langage français ou Glossaire de la langue française depuis son origine jusqu'au siècle de Louis XIV. (Paris 1876 ff. in 10 4⁰-Bänden) veröffentlichte, wäre daher am besten unterblieben (s. P. Meyer Rom. IV 278 u. 492). Sehr nützlich war lange Zeit hindurch das altfranzösische Glossar, welches Henschel im letzten Bande seiner Ausgabe von Ducanges Glossarium mediae et infimae latinitatis (s. o. S. 425) aus demselben zusammenstellte: einen Sonderdruck desselben u. d. T. Glossaire français de Du Cange, vermehrt um allerlei aus Ste.-Palaies, Roqueforts, Raynouards, Burguys und Diez' Werken geschöpfte und ohne Kritik verwertete Zuthaten, veranstaltete der eben erwähnte industrielle Herausgeber von Ste.-Palaye (Paris 1880 2 Bde.). Ganz nützlich, besonders für den Anfänger, ist das im 3. Bande von Burguys altfranzösischer Grammatik (s. o. S. 445) enthaltene kleine altfranzösische Glossar: doch sei hier vor den dort gebotenen Etymologien ausdrücklich gewarnt. Unzuverlässig und ziemlich liederlich zusammengeschrieben ist das Dictionnaire de la langue française au XII⁰ et au XIII⁰ siècle von Hippeau (Paris 1866, 1873 2 Bde.): dasselbe ist daher als durchaus wertlos zu bezeichnen. Schließlich mögen noch einige altfranzösische Spezialglossare genannt werden, die mit Nutzen bei altfranzösischen Studien zu Rate gezogen werden: so vor allem E. Stengels sorgsames und vollständiges Wortverzeichnis zu den ältesten französischen Sprachdenkmälern (Ausg. u. Abhandl. Bd. I, S. 83 ff.), Bartschs Glossar in der altfranzösischen Chrestomathie (s. o. S. 433), Gachets (von Liebrecht zu Ende geführtes) Glossaire roman des chroniques rimées de Godefroid de Bouillon etc. (Brüssel 1859), Schelers treffliches Glossaire philologique zu La Geste de Liége (Brüssel 1882), endlich die Spezialwörterbücher in Gautiers Roland, Foersters Aiol et Mirabel, Koschwitz' Reise Karls (s. o. S. 436), v. Hamels Renclus de Moiliens (Paris 1885; war besonders ergiebig für das afr. Wörterbuch) u. a. m.

Der neufranzösische Wortschatz findet sich am besten inventarisiert in dem rühmlichst bekannten encyklopädischen Wörterbuch der französischen und deutschen Sprache von Sachs (Berlin, Langenscheidt), ein Werk, das alles weit hinter sich ließ, was vorher an französischen Wörterbüchern verfaßt ward. Trotz dieser relativen Vollkommenheit des Sachsschen Werkes wird man doch gut thun, bei speziell neufranzösischen Studien stets auch die französischen Wörterbücher zu Rate zu ziehen; so vor allem das

Dictionnaire de l'Académie (letzte Auflage Paris 1878). Außerdem wären die lexikographischen Arbeiten von Bescherelle, Boiste, Landais, Laveaux, Poitevin, Trévoux u. a. zu nennen. — Speziell die Sprache des 17. Jahrhs. findet man lexikographisch behandelt in dem Lexique comparé de la langue de Corneille et de la langue du 17ᵉ s. en général von Godefroy (Paris 1862 2 Bde.), wozu man noch Génins Lexique de Molière (Paris 1846) u. a. Spezialwörterbücher vergleichen möge.

Fand in den bisher genannten französischen Wörterbüchern eine Beschränkung der Zeit nach statt, so finden wir in anderen eine Umgrenzung dem Stoffe nach. Von derartigen lexikographischen Publikationen seien zunächst die etymologischen hier erwähnt. Wer sich über Etymologie französischer Wörter unterrichten will, thut am besten, stets Diezens oben S. 407 charakterisiertes Romanisches Wörterbuch zu Rate zu ziehen. Die speziell frz. etymologischen Wörterbücher älteren Datums von Scheler (Dict. d'étym. franç. 2. Aufl. Brüssel 1873) und Brachet (Dictionnaire étym. de la langue franç.; Paris in vielen Auflagen, 15. Aufl. 1885) genügen nicht mehr den jetzigen Forderungen der Wissenschaft, und das in diesen Tagen erschienene, mit gänzlicher Ignorierung der modernen Forschung verfaßte Dictionnaire synoptique d'étymologie française von H. Stappers (Brüssel 1885) ist in keiner Weise geeignet, die vorhandene Lücke auszufüllen. Von den genannten drei Arbeiten verdient die Brachet'sche wegen ihrer auf den Anfänger berechneten geschickt instruktiven Anlage besonderes Lob, und es wäre deshalb zu wünschen, daß dieselbe recht bald einmal durch eine sorgsame Neubearbeitung dem jetzigen Stande der französischen etymologischen Wissenschaft angepaßt würde. — Als ein gänzlich verfehltes Werk, dessen Verfasser es durchaus an Fühlung mit der jetzigen Forschung fehlt, muß trotz des anspruchsvollen Titels H. A. Schoetensacks Beitrag zu einer wissenschaftlichen Grundlage für etymologische Untersuchungen auf dem Gebiete der französischen Sprache (Bonn 1883) bezeichnet werden. — Während die genannten Arbeiten den gesamten geläufigen Wortschatz der französischen Sprache mehr oder weniger vollständig berücksichtigen, beschränken sich andere auf die etymologische Deutung bestimmter enger umgrenzter Wortgruppen. So besitzen wir ein gutes Dictionnaire étymologique de tous les mots d'origine orientale von Marcel Devic (Paris 1878, auch als Supplement zu Littrés Dict.). Die germanischen, speziell fränkischen Bestandteile des Französischen erhalten durch Waltemaths Straßburger Dissertation: Die fränkischen Elemente in der französischen Sprache (Paderborn 1885), eine neue kritische Beleuchtung, nachdem sie früher mehrfach (durch Neumann, Schultze, Scheck, Hottenrott u. a.) unzulänglich behandelt worden waren. — Ein noch ziemlich unangebautes, meist nur von unberufenen Dilettantenhänden bearbeitetes, aber doch so dankbares Gebiet der französischen Wortforschung ist das der Namensforschung. Unter den Arbeiten über Ortsnamen ist hier nur eine besonders zu erwähnen, die von J. Quicherat De la formation française des noms de lieux (Paris 1867); von Untersuchungen über Personennamen nenne ich Eugène Ritters Studie über die „Noms de Famille" (Paris 1875).

Anhang. Metrik. Die einzige französische Verslehre, welche die historische Betrachtungsweise auf die metrischen Gesetze und Formen des Französischen anwendet und eine Entwickelungsgeschichte derselben zu geben sucht, ist Adolf Toblers Vom französischen Versbau alter und neuer Zeit (2. Aufl. Leipzig 1883), ein Büchlein, das eine sonst nirgends in gleicher Weise zu findende vortreffliche Zusammenstellung der Anfangsgründe enthält: es darf in keiner romanistischen Handbibliothek fehlen. Alle übrigen Darstellungen der französischen Metrik (ich sehe dabei ab von solchen, die nur für Unterrichtszwecke bestimmt sind) haben den Hauptmangel gemein, daß sie sich entweder in unhistorischer, und daher bis zu einem gewissen Grade unwissenschaftlicher Weise ganz auf das Neufranzösische beschränken und die ältere Zeit völlig ignorieren, oder doch höchstens nur gelegentlich auf dieselbe eingehen. Unter den so gearteten Verslehren sind die von L. Becq de Fouquières (Traité général de versification française Paris 1879) und E. O. Lubarsch (Franz. Verslehre mit neuen Entwickelungen für die theoretische Begründung französischer Rhythmik; Berlin 1879) am meisten zu empfehlen. Recht brauchbar ist auch der kleine Abriß von K. Foth, Die französische Metrik für Lehrer und Studierende in ihren Grundzügen dargestellt (Berlin 1879). Von älteren metrischen Versuchen verdienen besonders zwei noch heute genannt zu werden: Quicherat, Traité de versification française (Paris 1850) und Weigands gleichbetiteltes Buch (Neue Ausg. Bromberg 1871). — Außer diesen zusammenfassenden Werken nenne ich noch ein paar wichtigere Spezialuntersuchungen. Verschiedene Fragen über die Genesis französischer metrischer Formen behandelt G. Paris in seiner Lettre à M. Gautier sur la versification latine rhythmique (Paris 1866). Den epischen Vers der altfranzösischen Chansons de geste beschreiben Diez, Altromanische Sprachdenkmale. Anhang (Bonn 1846), Gautier im 1. Bande seiner Epopées françaises (2. Aufl. Paris 1878), Rochat, Etude sur le vers décasyllabe dans la poésie fr. au moyen âge (Jahrb. XI); man vgl. auch B. ten Brinks fördernde Conjectanea in historiam rei metricae franco-gallicae (Bonn. Diss. 1865). Über die Entwickelungsgeschichte des altfranzösischen Achtsilblers findet man treffliche Aufschlüsse bei G. Paris Rom. I S. 292 und Heiligbrodt Rom. Stud. III, 516. — Die interessante Frage, inwieweit auch in der französischen Metrik (wie in der frz. Sprache) keltischer Einfluß nachweisbar ist, wird von K. Bartsch in zwei Artikeln m. d. T. Ein keltisches Versmaß im Provenzalischen und Französischen (Ztschr. II, 195 ff.) und Keltische und romanische Metrik (Ztschr. III, 359 ff.) erörtert und bejaht. In den meisten Punkten vertreten den entgegengesetzten Standpunkt G. Paris und D'Arbois de Jubainville in ihren beiden Aufsätzen Des rapports de la versification du vieil irlandais avec la versification romane (Rom. VIII, 145 ff.) und La versification irl. et la versification romane (ebd. IX, 177 ff.). — Eine freilich ziemlich unvollkommene, die altfranzösische Zeit vernachlässigende Darstellung der Geschichte des Reims liefert L. Bellanger, Etude hist. et phil. sur la rime française (Paris 1876). Eine gründliche Untersuchung über einen Punkt aus diesem Gebiet, über den reichen Reim, verdanken wir E. Freymond (Ztschr. VI, 1 ff. und 177 ff.).

Provenzalische Sprache. Zur ersten Einführung in das Studium provenzalischer Sprache und Litteratur dient noch immer am besten K. Bartschs Chrestomathie provençale (4. Aufl. Elberfeld 1880, Neubearbeitung von B.s Prov. Lesebuch, ebd. 1855), obwol nicht verkannt werden darf, daß das Buch in mancher Hinsicht noch mehr dem jetzigen Stande der Wissenschaft hätte angepaßt werden können, als in der letzten Auflage geschehen ist: immerhin gibt es kein zweites Werk, das in so bequemer Weise für den Anfänger Texte (Poesie u. Prosa), Grammatik (Formenlehre) und Glossar vereinigte. Die beiden letzteren fehlen z. B. in Meyers sonst gut ausgewähltem Recueil d'anciens textes etc. (f. o. S. 433). Seiner Zeit epochemachend (f. o. S. 403), wenn auch heute nur noch von bedingtem Wert, war Raynouards Choix des poésies originales des Troubadours (6 Bde. Paris 1816 ff.). Ebenso hat auch Mahns ziemlich planlos angelegte Sammlung Werke der Troubadours (mehrere Bände, Berlin 1846 ff.) heute nur in einzelnen Partien noch einigen Wert. Desselben Gelehrten Gedichte der Troubadours in provenzalischer Sprache (Berlin 1856 ff.), ungeordnete buchstabengetreue Abdrücke von Handschriften, dienen ausschließlich textkritischen Zwecken. — Als zwei wertvolle Sammlungen provenzalischer Texte seien endlich noch erwähnt Bartschs Denkmäler der provenzalischen Litteratur (Stuttgarter Litt. Verein 39. 1856) und H. Suchiers nicht bloß für die provenzalische Litteraturgeschichte, sondern in gleicher Weise für provenzalische Sprachgeschichte (vor allen die altprov. Dialektologie) ergiebige Denkmäler provenzalischer Litteratur und Sprache (Halle 1883, bis jetzt 1 Bd.). Von

(Einzelausgaben provenzalischer Litteraturwerke nenne ich nur A. Stimming, Bertran de Born, sein Leben und seine Werke (Halle 1879), deswegen, weil sich diese Ausgabe sowol wegen des anziehenden Inhalts der darin gebotenen Dichtungen als auch wegen der das Verständnis derselben vermittelnden Beigaben (Anmerkungen und Glossar) für die Lektüre des Anfängers empfehlen dürfte.

Provenzalische Grammatik ꝛc. Die Geschichte der zweiten auf dem Boden Frankreichs gesprochenen romanischen Sprache, der provenzalischen, ist durchaus noch nicht in demselben Maße nach allen Seiten hin durchforscht und erforscht, wie dies bei der französischen Sprache doch bis zu einem gewissen Grade der Fall ist. Das Interesse, welches die Sprache des französischen Südens erweckte, war lange Zeit hindurch ein mehr, ja fast ausschließlich litterarhistorisches, weniger ein linguistisches. Die Hauptthätigkeit war gerichtet auf Erschließung der litterarischen Schätze, wobei wiederum die Poesie der Troubadours lange im Vordergrund stand. Die Sprache der Troubadours, jene künstlich geschaffene Litteratursprache, war denn auch naturgemäß das Hauptobjekt grammatischer Untersuchungen, wogegen die Dialektforschung sehr zurücktrat. Daher kommt es, daß, während wir über altfranzösische Dialekte doch schon leidlich orientiert sind, wir über altprovenzalische Mundarten noch sehr wenig wissen, und dies hat zur natürlichen Folge, daß auch die Vorstellungen über das Verhältnis der altprovenzalischen Litteratursprache der Troubadours zu den Mundarten noch im ganzen recht unklare sind. Die Forschungen in dieser Richtung haben eigentlich erst in neuerer Zeit recht begonnen: Studien über moderne provenzalische Dialekte gaben Veranlassung, den Blick auch rückwärts auf die mittelalterliche Gestaltung derselben zu wenden, stärker mundartlich gefärbte Litteraturdenkmäler wurden bekannt und edirt und nebst bestimmt datierten und lokalisierten Urkunden für die Dialektforschung nutzbar gemacht, und so beginnt nach dem Vorbilde der nordfranzösischen Dialektologie nunmehr an Stelle der einseitigen Beschäftigung mit der Troubadoursprache eine allseitigere historische Erforschung des Provenzalischen in seiner örtlich und zeitlich verschiedenen Gestaltung Platz zu greifen. Begreiflich ist bei diesem Stand der Dinge, daß das Studium der provenzalischen Sprachgeschichte noch mehr oder weniger in Detailforschung aufgeht, daß es an zusammenfassenden Darstellungen durchaus mangelt. Für eine Orientierung über die provenzalische Gesamtgrammatik ist der Anfänger daher noch immer auf Diezens romanische Grammatik angewiesen: Bartschens freilich nicht immer zuverlässige Paradigmen in der Chrestomathie können für die Flexionslehre als Ergänzung dienen. Weiter nichts als ein Plagiat aus beiden ist Demattios Grammatica della lingua provenzale (Innsbruck 1880); ein gänzlich verfehltes, um 30—40 Jahre zu spät erschienenes Werk ist A. Mahns Grammatik und Wörterbuch der altprovenzalischen Sprache (1. Abt. Köthen 1885). Dagegen orientiert ganz gut und kurz P. Meyers Prov. Language and Literature in der Encyclopædia Brittannica Bd. XIX, weniger gut Chabaneaus Aufsatz Sur la langue romane du Midi de la France ou le Provençal im X. Band der Histoire générale de Languedoc (Toulouse 1885).

Nach alledem hat derjenige, der tiefer in das Verständnis provenzalischer Sprachgeschichte eindringen will, nötig, zu einer Reihe Spezialuntersuchungen zu greifen, von denen daher die wichtigeren hier genannt sein müssen. Eine lange Zeit hindurch nur ungenau und allgemein beantwortete Frage war die nach der Grenzlinie zwischen nordfranzösischem und provenzalischem Sprachgebiet. Eine genauere Beantwortung dieser Frage wurde auf Grund eingehendster und sorgfältigster Studien an Ort und Stelle durch Ch. de Tourtoulon und O. Bringuier unternommen, und beide haben das Resultat ihrer Untersuchung niedergelegt in einer Etude sur la limite géographique de la langue d'oc et de la langue d'oïl. (Archives des Missions scientifiques et littéraires 3. sér. T. 3. Auch sep. erschienen.) — Zur provenzalischen Grammatik lieferte die wertvollsten Beiträge Paul Meyer. Zu ein schwieriges Kapitel der provenzalischen Lautlehre, die Scheidung der verschiedenen o-Laute, brachte Meyers

Artikel Phonétique provençale: o (Mém. de la société de linguistique de Paris I. 145 ff.) zuerst Licht und Klarheit. Über die Aussprache von provenzalischem e handelte Wiedmann in seiner unvollendet gebliebenen Dissertation (Halle 1881), über provenzalisches a Pfützner (Hallenser Dissert. 1885). Zum provenzalischen Vokalismus vgl. auch Müllers Untersuchung über die Assonanzen des Girart von Rossillon (Frz. Stud. III, 5); einiges verwertbare Material bieten auch Weißes Arbeit über die Sprachformen Maître Ermengaus (Ztschr. VII, 390 ff.) und Hofmeisters Zusammenstellungen aus den Reimen Bernarts von Ventadorn (Ausg. u. Abhandl. X). — Eine interessante Frage des Konsonantismus behandelt P. Meyer in seinem Aufsatze Du passage d' s z à r et d' r à s z en provençal (Rom. IV 184 ff.), wozu man Thomas' Auseinandersetzungen Rom. VI und Giornale di fil. rom. II, ferner Chabaneau in der Revue des langues rom. 2. sér. II, 148 f. vergleichen möge. Die eigentümliche provenzalische Entwickelung der Gruppe t + r suchte Nyrop in neuer Weise zu erklären (Det phil.-hist. Samfunds-Mindeskrift Kopenhagen 1879 S. 47 ff.). — Auf dem Gebiete der Formenlehre ist es wider P. Meyer, dem wir die besten Untersuchungen zu danken haben: ich nenne vor allen seine Ausführungen über den Konjunktiv des Imperfekt auf es (Rom. VIII, 155 ff.), seine Arbeit über gewisse eigenartige Gestaltungen des 3. Pers. Plur.: aun etc. (Rom. IX, 192 ff.)*). Für eine künftige zusammenfassende Darstellung der provenzalischen Formenlehre ist seit einigen Jahren in zahlreichen Dissertationen ein ganz dankenswertes, wenn auch zumeist wenig glücklich verwertetes Material zusammengetragen worden; ich nenne für die Deklination die sich in mancher Beziehung ergänzenden, fast gleichzeitig erschienenen Arbeiten von Reimann (Dekl. der Subst. u. Adj. in der Langue d'oc. Straßburg. Diss. 1882) und Loos (Die Nominalflex. im Prov.; Ausg. u. Abhandl. XVI, ferner Chabaneaus Notes sur quelques pronoms provençaux (Rom. IV u. V); für die Konjugation K. Meyers Arbeit über die provenzalische Gestaltung der vom Perfektstamm gebildeten Tempora (Ausg. u. Abhandl. XII), Schenfer über die Perfektbildung im Prov. (Züricher Diss. 1883; beides äußerst dürftige Arbeiten), Wolff, Fut. u. Kond. II im Altprovenzalischen (Ausg. u. Abhandl. XXX), Bertrand, Quaestiones provinciales (Bonn. Diss. 1864; über Kond.), Fischers zum Teil freilich recht überflüssige Materialien den Infinitiv im Prov. betreffend (Ausg. u. Abhandl. VI); endlich sei noch auf Hentschtes nicht überall klare, aber doch dankenswerte Arbeit über die Verbalflexion im Girart (Halle 1882) verwiesen. — Spezialuntersuchungen über provenzalische Syntax fehlen noch fast ganz: vergl. Belsch, Die Syntax des Bernart von Ventadorn (in Festschrift des Joachimsthalischen Gymn. II Berlin 1880) und Pape, Die Wortstellung in der provenzalischen Prosalitteratur des XII. u. XIII. Jahrhunderts (Jenaer Diss. 1885). — Eifriger als früher hat man sich in letzter Zeit der Erforschung provenzalischer Dialekte, vor allem in ihrer modernen Gestaltung, zugewandt. Ich nenne als eine vorzügliche Leistung auf diesem Gebiete W. Mushackes Untersuchung über die geschichtliche Entwickelung der Mundart von Montpellier (Frz. Stud. IV, 5), eine Arbeit, die sowol die mittelalterliche als die moderne Gestaltung des Dialekts in den Kreis der Beobachtung zieht. In Gegensatz dazu beschränken sich die meisten andern Arbeiten zur provenzalischen Dialektologie auf grammatische Darstellung der modernen Mundarten: ich erwähne u. a. Chabaneaus Grammaire limousine (Rev. des langues rom. II—VIII), Aymerics Beschreibung des Dialecte rouergat (Ztschr. f. rom. Phil. III, 321 ff.), Constans, Essai sur l'histoire du sous-dialecte du Rouergue (Paris, Maisonneuve 1886). Verwiesen sei auch noch auf Luchaires freilich von sehr ungleichem Erfolg gekrönten Bemühungen um Erforschung der gascognischen Mundarten, seine Études sur les idiomes pyrénéens de la région française (Paris, 1879), seinen Recueil de textes de l'ancien dialecte Gascon (ebb. 1881) u. a. m.

Bekannt sind die seit einigen Dezennien zu immer stärkerem Ausdruck gelangenden Bestrebungen der Südfranzosen, ihr Provenzalisch wider zum Range einer Schriftsprache

---

*) Vgl. dazu Armitage in demselben Bande der Romania S. 125 ff.

zu erheben (ich brauche nur an Dichternamen wie Mistral, Aubanel, Roumanille u. a. zu erinnern), Bestrebungen, die ihren Mittelpunkt im Felibrige, in der Société pour l'étude des langues romanes zu Montpellier sowie deren Revue des langues romanes haben. Die Bewegung ist eine sehr tief- und weitgreifende: man redet, man dichtet nicht bloß in provenzalischer Sprache, man publiziert auch Tages- und Wochenblätter in dem heimatlichen Idiom und befleißigt sich durch alle diese Organe sowie in Versammlungen und sonst einer höchst eifrigen Propaganda. Man mag nun über die Berechtigung und Erfolge dieser Bewegung denken, wie man will, jedenfalls hat dieselbe für unsere Wissenschaft den Vorteil gehabt, in weitesten Kreisen lebhafteres Interesse an provenzalischer Sprache und Eifer für Erforschung derselben erweckt zu haben. Vor allem sind hier zwei umfassende lexikographische Unternehmungen zu nennen, welche bis zu einem gewissen Grade aus der in Frage stehenden Bewegung hervorgegangen sind: G. Azaïs' Dictionnaire des idiomes romans du midi de la France (Montpellier Soc. pour l'étude des langues rom.; bis jetzt 3 Bde.) und F. Mistral, Lou Tresor dou Felibrige, ou Dictionnaire provençal-français (Paris, Champion 1879 ff.). Während diese beiden Werke sich auf das moderne Provenzalisch (unter Berücksichtigung allerdings der verschiedenen Dialekte) beschränken, bietet Raynouards schon oben Seite 403 erwähntes Lexique roman ou dictionnaire de la langue des Troubadours (Paris 1838 ff. 6 Bde.) eine für ihre Zeit treffliche Inventarisierung des Wortschatzes der bis zu jenem Zeitpunkte bekannt gewordenen altprovenzalischen Litteraturdenkmäler.

Den Übergang vom Provenzalischen zum Spanischen bildet das Katalanische, ein in der franz. Grafschaft Roussillon, im östlichen Spanien und auf den benachbarten Inseln gesprochenes romanisches Idiom: während man früher meist das Katalanische, soweit es diesseits der Pyrenäen gesprochen wird, als provenzalische, soweit es jenseits derselben gesprochen wird, als spanische Mundart anzusehen pflegte, räumt man jetzt doch allgemein dem Katalanischen die Stellung einer selbständigen romanischen Sprache ein. So schon Diez, Grammatik ³I S. 112 ff., der an dieser Stelle und sonst in seiner Grammatik die wichtigsten Erscheinungen des Katalanischen in Kürze zusammenstellt. Über das Verhältnis des Katalanischen zum Provenzalischen handelt auch (abgesehen von den vorwiegend erörterten litterarhistorischen Fragen) M. Milá y Fontanals in seinem für Erforschung katalanischer Sprache und Litteratur grundlegenden Werke De los trovadores en España. Estudio de lengua y poesia provenzal (Barcelona 1861). Überhaupt ist wol Milá derjenige, dem wir in Bezug auf Erforschung katalanischer Sprach- und Litteraturentwickelung das meiste zu danken haben; ich nenne von seinen zahlreichen Beiträgen seine höchst fördernden dialektologischen Untersuchungen, die Estudios de lengua catalana (Barcelona 1875), seinen Artikel über katalanische e-Laute (Rev. d. l. rom. 2. sér. II S. 146 ff. 1876), seine Mélanges de langue catalane (ebd. 2. sér. III 225 ff.). Überhaupt enthält die allerdings vorzugsweise provenzalischen Studien dienende Revue zahlreiche kleinere und größere Beiträge zur katalanischen Grammatik von Milá u. a. (ich nenne noch Alart, Etudes historiques sur quelques particularités de la langue catalane 2. sér. IV, desselben Documents sur la langue catalane des anciens comtés de Roussillon et de Cerdagne ebb. III und IV; außerdem neufat. Dichtungen u. s. w.), die hier nicht alle namhaft gemacht werden können. Am allervortrefflichsten führt in das Studium des Katalanischen eine Arbeit von Ad. Mussafia ein, seine meisterliche Ausgabe der katalanischen Version der sieben weisen Meister (Denkschriften der Wiener Ak. phil. hist. Klasse 1876 Bd. XXV): man findet hier alles, dessen man zur Einführung bedarf; einen interessanten Text mit Anmerkungen und Glossar, eine vorzügliche Darstellung der altkatalanischen Laut- und Formenlehre auf Grund des vorliegenden Textes unter vergleichender Berücksichtigung weiterer Denkmäler u. a. m. Erwähnt sei hier auch: P. Meyer, traités catalans de grammaire et de poétique (Rom. VI, VIII. IX), von älteren Arbeiten Bofarull, Estudios, sistema gramatical y crestomatia de la lengua catalana (Barcelona 1864) und desselben La lengua catalana considerada historicamente (Anhang zum vorigen).

Das Katalanische findet neuerdings immer mehr Beachtung, und unsere romanistischen Zeitschriften bieten daher auch in ihren letzten Jahrgängen zahlreiche größere und kleinere Arbeiten über Katalanisches, auf die hier nur im allgemeinen hingewiesen werden kann. Mit besonderm Eifer wird die Ausgabe katalanischer Sprachquellen betrieben: abgesehen von den in Zeitschriften enthaltenen Publikationen dieser Art sei hier vor allem der seit 1873 erscheinenden, bereits in mehreren Bänden vorliegenden Biblioteca catalana de les mes principals y elegantes obres en nostra llengua materna (Barcelona, Verdaguer) gedacht.

Von katalanischen **Wörterbüchern**, welche zumeist wenig wissenschaftlichen Charakter haben (z. B. P. **Labernia**, Dicc. de la llengua catalana 1864), nenne ich mit Auszeichnung nur eine zwar schon ältere, aber trotzdem noch heute wertvolle Arbeit, den Diccionario catalan-castellano-latino por Joaquin Esteve y Joseph Belvitges y Antonio Juglà y Font. (Barcelona 1803). Von historischem Interesse ist noch Ant. de **Lebrijas** Lexicon catalano-latinum (Barcelona 1507)*).

Die historische Grammatik des **Spanischen** ist im Vergleiche mit dem, was für Erforschung der Entwickelung anderer romanischer Sprachen bereits gethan ist, noch recht weit zurück, und man darf das Gebiet der spanischen Sprachgeschichte noch immer als ein Stiefkind der romanischen Philologie bezeichnen. Das hat vor allem seinen Grund darin, daß in Spanien selbst sehr geringes Interesse für derlei sprachwissenschaftliche Fragen herrscht, und daß daher durch spanische Gelehrte wenig in der fraglichen Richtung gethan wird. Außerspanischen Gelehrten ist aber eine regere und allseitigere Beteiligung am Ausbau der historischen spanischen Grammatik dadurch erschwert und zum Teil unmöglich, daß ihnen die Sprachquellen, besonders für ältere Perioden, unzugänglich sind: diese durch Editionen zugänglicher zu machen, wäre eine patriotische Pflicht der spanischen Gelehrtenwelt! Es fehlt somit fürs Spanische fast ganz jenes rege Zusammenwirken einheimischer und fremder Philologen, das auf andern romanischen Gebieten, z. B. dem Französischen, schon zu schönen Resultaten geführt hat. Wie wir auf spanischem Gebiete den Mangel wirklich **guter**, auch für sprachliche Untersuchungen verwertbarer Ausgaben besonders älterer Sprachquellen zu beklagen haben**), so mangelt es auch andererseits an Handbüchern, Chrestomathien u. dgl. zur Einführung ins historische Studium der spanischen Sprache. Wir besitzen zwar in L. **Lemckes** Handbuch der spanischen Litteratur (3 Bde. Leipzig 1856 f.) eine vortreffliche und geschickte Auswahl aus der spanischen Litteratur alter und neuer Zeit mit litterarhistorischen Einleitungen; aber einmal entspricht die Textbehandlung in diesem Werke doch nicht durchweg den Ansprüchen, die wir heutzutage in dieser Beziehung zu machen berechtigt sind, und dann ist die Auswahl getroffen wesentlich im Hinblick auf eine Einführung in die spanische Litteratur und auf eine Orientirung über die verschiedenen Gattungen derselben (für diesen Zweck allerdings sehr brauchbar), weniger um vom Entwickelungsgang der spanischen Sprache, ihren zeitlichen und örtlichen Wandlungen ein Bild zu geben. In dieser letzten Richtung verspricht eine von **Baist** und **Morf** in Aussicht gestellte altspanische Chrestomathie nützlich zu werden: möchte sie bald erscheinen. Von zur Einführung geeigneten Einzelausgaben spanischer Litteraturdenkmale nenne ich M. **Krentels** treffliche Sammlung klassischer Bühnendichtungen der Spanier (mit Einl. u. Anmerkungen); bis jetzt sind 2 Bände (3 Calderonsche Stücke) erschienen (Leipzig, Barth). Brauchbar sind auch **Lehmanns** Teatro español (Frankfurt) und **Kreßners** span. Bibliothek (Leipzig).

Wem es um eine erste und kurze Einführung in das historische Studium der spanischen Sprache zu thun ist, der nehme die kurzgefaßte Grammatik von F. D'Ovidio

---

*) S. weitere bibliographische Angaben über Katalanisches Herrigs Archiv LIV, 248 ff.

**) Ich will jedoch nicht unterlassen, auf die manches relativ Gute enthaltende Coleccion de libros españoles raros ó curiosos, die Publikationen der Sociedad de Bibliófilos españoles, die Biblioteca de autores españoles, Sanchez' Coleccion de poesias castell. anteriores al siglo XV (Madrid 1779) wenigstens kurz hinzuweisen.

und die kleine Chrestomathie von E. Monaci zur Hand, welche zusammen das erste Bändchen der Maunaletti d' introduzione agli studi neolatini composti per uso degli studenti delle facoltà di Lettere (Neapel 1879) bilden: das Büchelchen enthält, was zur vorläufigen Orientierung nötig ist. Für eine tiefer eindringende Beschäftigung mit spanischer Sprachgeschichte fehlt es allerdings an einem den heutigen Begriffen von historischer Grammatik völlig entsprechenden Hilfsbuch. Das Beste und Umfassendste, was in dieser Beziehung geliefert ist, ist Paul Foersters Spanische Sprachlehre (Berlin 1880). Wenn auch die Behandlung des Altspanischen in diesem Werke in manchem Betracht unzulänglich ist, und die ganze Methode der historischen Sprachbetrachtung kaum einen Fortschritt über Diez hinaus bezeichnet, so dürfte diese Arbeit als Sammlung reichlicher und wertvoller Materialien der weitern Forschung doch immerhin von großem Nutzen sein. Von ältern meist nur praktische Ziele verfolgenden spanischen Grammatiken verdient heute noch Julius Wiggers' Grammatik der spanischen Sprache (Leipzig 1860. 2. Aufl. 1884) wegen ihrer fleißigen und brauchbaren Zusammenstellungen aus der spanischen Syntax empfohlen zu werden. Zu den bessern unter den praktischen Grammatiken der spanischen Sprache rechnen wir auch die Arbeiten von Schilling, (Spanische Grammatik, Leipzig 1885) und Fesenmair (Lehrbuch der spanischen Sprache. München, in mehreren Auflagen). Bei diesem Mangel einer wirklich genügenden historischen Gesamtgrammatik des Spanischen ist jeder, der sich eine gründliche Kenntnis der einzelnen Entwickelungs-Phasen der spanischen Sprache verschaffen will, auf eine Reihe von Spezialuntersuchungen angewiesen. Willkommene Vorarbeiten zu einer Geschichte der spanischen Sprache sind die verschiedenen größeren und kleineren Artikel, welche J. Cornu über einzelne Fragen der spanischen Grammatik in den letzten Bänden der Romania veröffentlicht hat; ich nenne die umfangreicheren: Etudes de phonologie espagnole et portugaise (R. IX), Etudes sur le poëme du Cid (R. X). Mélanges espagnols (R. XIII)*). Jorets Loi des finales en espagnol (Rom. 1) bedarf heute mancher Berichtigung und Ergänzung. Einen sehr wertvollen Beitrag zur spanischen Sprachgeschichte bot C. Michaelis de Vasconcellos in ihrem schon oben S. 429 charakterisierten Buche Zur romanischen Wortschöpfung. Spezieller als die genannten Arbeiten beschäftigen sich mit dem Altspanischen die Untersuchungen von Gessner über das Altleonesische (Ein Beitrag zur Kenntnis des Altspanischen; Berlin Progr. 1867), von Mussafia über eine Altspanische Prosadarstellung der Crescentia-Legende (Sitzungsberichte der Wiener Akademie LIII. 1861), von A. Morel-Fatio über die Sprache des altspanischen Libro de Alexander (Rom. IV). Von dem letzteren enthalten die verschiedenen Bände der Romania auch eine Reihe kleinerer Beiträge zur Kenntnis des Spanischen, auf die hier nur im allgemeinen hingewiesen werden kann. — Eine treffliche Darstellung eines modern spanischen Dialekts seinen Hauptcharakteristiken nach, des Andalusischen, verdanken wir H. Schuchardt: sie findet sich in seiner höchst interessanten Untersuchung über die Cantos flamencos (Ztschr. f. rom. Phil. V, S. 302 ff.).

Eine wirklich wissenschaftliche Behandlung des spanischen Wortschatzes fehlte bis jetzt ganz. Erst vor kurzem begann ein Unternehmen dieser Art; ich meine den Diccionario de construccion y régimen de la lengua castellana von Rufino José Cuervo (1. Lieferung. Paris 1884), demselben, dem wir auch eine Darstellung des Spanischen in Neugranada (Apuntaciones criticas sobre el lenguaje bogotano. 4 Ausg. Chartres 1885) verdanken. Während Cuervo den heutigen Begriffen von einem wissenschaftlichen Wörterbuch entsprechend historisch verfährt und seine Beispiele aus Texten aller Epochen der Sprachentwickelung entnimmt, beschränken sich alle sonstigen spanischen Wörterbücher, die wir besitzen, stets nur auf eine bald mehr bald weniger vollständige Inventarisierung des neuspanischen Wortschatzes. Ich hebe aus der Zahl dieser Arbeiten, die eigentlich alle gleich gut und gleich schlecht sind, den Diccionario de la lengua castellana por la Real Academia Española (neueste 12. Ausg. Madrid 1884) hervor, ein Werk freilich ohne großen wissenschaftlichen Wert,

---

*) [Vgl. jetzt auch Cornu über altspan. Konjugation in den Miscellanea Caix Canello].

dem man wol Salvás Diccionario de la lengua castellana (Paris Garnier 5. Aufl. 1857) und den Novisimo diccionario de la lengua castellana (Paris 1878) vorziehen dürfte. Von spanisch-deutschen Wörterbüchern erwähne ich das ältere dreibändige von Th. v. Seckendorff (fortgef. von Winterling. Nürnberg 1831) und das größere von Booch-Arkossy (2 Bde. Leipzig, Teubner). Von älteren Wörterbüchern sei nur das des Antonio de Lebrija (Salamanca 1492; f. oben S. 459 desselben Autors katal. Wörterbuch) hier genannt, das einstweilen den Mangel eines altspanischen Wörterbuchs ersetzen mag. — Mit ziemlich regem Eifer wird die etymologische Forschung auf dem Gebiete des Spanischen betrieben. Vor allen waren es begreiflicherweise die arabischen Elemente des Spanischen, welche des öftern Forscher angezogen haben. Wir besitzen über diesen Teil des spanischen Wörterbuchs z. T. treffliche Arbeiten: ich erwähne v. a. W. H. Engelmanns und R. Dozys Glossaire des mots espagnols et portugais dérivés de l'arabe (2. Aufl. Leiden 1869). Als wertvolle Vorarbeiten zu einem etymologischen Wörterbuch des Spanischen sind die zahlreichen Beiträge zu bezeichnen, welche u. a. Cornu und Tailhan in der Romania, Baist in der Ztschr. f. rom. Philologie und den Rom. Forschungen, C. Michaelis de Vasconcellos im Jahrbuch und in der Zeitschrift an verschiedenen Stellen veröffentlicht. Was an Barcia, Primer diccionario general etimologico de la lengua española (Madrid 1879 ff.) ist, weiß ich nicht: das Buch ist mir bis jetzt nur dem Titel nach bekannt geworden.

Die Erforschung portugiesischer Sprach- und Litteraturentwickelung hat dank einer regeren Beteiligung auch der einheimischen Gelehrten — ich nenne vor allen zwei Namen: Theophilo Braga und Adolpho Coelho — in letzter Zeit bedeutende Fortschritte gemacht. Wenn auch der Schwerpunkt der bisherigen Thätigkeit der beteiligten Gelehrten auf dem Gebiete der Litteraturgeschichte liegt, so kommen doch die von Jahr zu Jahr sich mehrenden guten Ausgaben portugiesischer Litteraturwerke, vor allem der älteren und ältesten Zeit (z. B. der altport. Liederbücher, der Cancioneiro, herausg. von Monaci u. a., auch der historischen Grammatik des Portugiesischen zu gute. Für die erste Einführung in portugiesische Grammatik und Lektüre empfiehlt sich die kurze Grammatik von F. D'Ovidio und die kleine Chrestomathie von E. Monaci, welche zusammen den zweiten Band der S. 460 genannten Manualetti d'introduzione agli studi neolatini bilden. (Imola 1881). Für weitere Lektüre bieten reichlichen und gut gewählten Stoff Th. Bragas Antologia portugueza (Porto 1876). Die Sammlung, der eine historische Poetik vorausgeschickt ist, berücksichtigt besonders die ältere und volkstümliche Dichtung, der gegenüber die neuere Litteratur etwas zu kurz weggekommen ist. Diesen Mangel ersetzt Th. Bragas Parnaso portuguez moderno (Lissabon 1877). —

Der umfassendste Versuch einer historischen Grammatik des Portugiesischen, K. von Reinhardstöttners Grammatik der portugiesischen Sprache auf Grundlage des Latein und der romanischen Sprachvergleichung bearbeitet (Straßburg 1878) ist als ein verfehlter zu bezeichnen. In Bezug auf die Methode bezeichnet die Arbeit mit Diezens rom. Grammatik verglichen in keiner Weise einen Fortschritt, vielmehr in mancher Beziehung einen Rückschritt; das einzige Verdienst des Verfassers besteht darin, daß er in das durch Diezens Werk gebotene Schema eine reichlichere Anzahl Beispiele eingetragen hat, so daß die Grammatik als eine, wenn auch durch viele Mängel und Fehler entstellte Materialiensammlung immerhin einigen Wert besitzt. — Ebenfalls nur niedrigen Anforderungen entspricht Th. Bragas Grammatica portugueza elementar, fundada sobre o methodo historico-comparativo (Porto 1877), die immerhin das Verdienst gehabt hat, weitere Kreise für den in Frage stehenden Stoff interessiert zu haben. Gründlicher geht Adolpho Coelho in seinen verschiedenen grammatischen Studien zu Werke, den man mit Recht als den geraume Zeit einzigen produktiven Vertreter der methodischen Linguistik in Portugal bezeichnet hat, und seine Arbeiten sind daher als treffliche Vorarbeiten zu einer künftig zu schreibenden Darstellung der portug. Sprachgeschichte zu bezeichnen: ich nenne von seinen Arbeiten seine kleine aber äußerst nützliche Abhandlung A lingua portugueza (im Compendio de Litteratura Nacional. Porto 1882), die Theoria da conjugação em Latim e Portuguez (Lissabon, 1870) und vor allem seine Questões da lingua portugueza I: preliminares; o lexico; o consonantismo (Porto 1874, vgl. Morel-Fatio Rom. III, 310), worin eine Reihe wichtiger Fragen der allgemein romanischen und speziell portugiesischen Sprachgeschichte meist glücklich behandelt werden. Eine weitere Arbeit von Coelho habe ich schon oben S. 430 genannt. Weitere willkommene Beiträge zur historischen Grammatik des Portugiesischen lieferte Cornu; vgl. die S. 460 genannte Arbeit und außerdem Etudes de grammaire portugaise: De l'influence des labiales sur les voyelles aigues atones (Rom. X. XI), Phonologie syntactique du Cancioneiro geral (Rom. XII), auch seine Anciens textes portugais (Rom. XI) und verschiedene kleinere Artikel in der Romania. — Über das Altportugiesische orientiert in Kürze auch Diez, Über die erste portugiesische Kunst- und Hofpoesie (Bonn 1863), während äußerst wichtige Aufklärungen über die Lautlehre des modernen Portugiesisch durch R. Gonçalves Vianna in seinem Essai de phonétique et de phonologie de la langue portugaise d'après le dialecte actuel de Lisbonne (Rom. XII) geboten werden. Gonçalves Vianna verfügt über tüchtige allgemein phonetische Kenntnisse, und so ausgerüstet war er imstande, eine Arbeit zu liefern, die sowol in Bezug auf die Beobachtungen wie auf die Wiedergabe des Beobachteten als zuverlässig gelten kann: sie dürfte wol das Beste sein, was bisher über die Aussprache des heutigen Portugiesisch geschrieben worden ist. Durch mangelhafte allgemein phonetische Vorbildung des Verfassers sowie durch eine nicht glückliche Transskription ist der Wert eines sonst recht verdienstlichen Werkes von Leite de Vasconcellos, O Dialecto Mirandez. Contribuição para o estudo da dialectologia romanica no dominio glottologico hispano-lusitano (Porto 1882, S. Schuchardt, Litteraturblatt IV, 108) leider beeinträchtigt worden. — Eine gute Darstellung des modernen Portugiesisch, die freilich im Grunde nur praktische Ziele verfolgt, enthält die Nouvelle Méthode pour apprendre la langue portugaise, von F. de Lancastre (Leipzig 1883), die demjenigen, welchem zunächst nur um Aneignung der heutigen Sprache zu thun ist, von allen Grammatiken am meisten empfohlen werden muß.

Auch für das Portugiesische haben wir noch den völligen Mangel eines wirklich wissenschaftlichen Wörterbuchs zu beklagen. Von allen Inventarisierungen des modernen portugiesischen Wortschatzes dürfte als die brauchbarste die von Ant. de Moraes Silva zu bezeichnen sein: Diccionario da Lingua Portugueza (7. Ausg. Lissabon 1877. 8.). Von portugiesisch-deutschen Wörterbüchern sei das von Bösche hier erwähnt. Von ältern lexikographischen Versuchen nenne ich nur einen aus dem Ende des vorigen Jahrhunderts, der noch heute entschieden wissenschaftlichen Wert beansprucht und daher auch neu wider aufgelegt wurde: ich meine den Elucidario das palavras, termos e frases que em Portugal antiguamente se usárão e que hoje regularmente se ignorão: obra indispensavel para entender sem erro os documentos mais raros e preciosos, que entre nós se conservão p. por Fr. Ioaquim de Santa Rosa de Viterbo (Lissabon 1798. 9; ein neuer, aber schlechter Abdruck erschien ebd. 1865).

Den Übergang von der Iberischen Halbinsel nach Italien möge Sardinien bilden mit seinem höchst eigenartigen, unter allen neulateinischen Sprachen altertümlichsten*) romanischen Idiome, das man zwar bisher gewöhnlich zu den italienischen Dialekten zu rechnen pflegte, neuerdings aber angefangen hat, als selbständiges romanisches Idiom neben dem Italienischen zu betrachten, wie man eine ähnliche selbständige Stellung jetzt auch dem Katalanischen neben dem Provenzalischen einräumt (s. oben S. 458). Die drei**) sardinischen Mundarten, das Logudoresische in der Mitte, das Campidanesische im Süden,

---

*) Vgl. z. B. die Erhaltung von i neben e, u neben o, während in den übrigen romanischen Sprachen mit e, u mit o qualitativ zusammenfielen.

**) Eigentlich vier; allein die vierte, das Algheresische, ist ein im M.-A. importiertes Kadas Galluresische im Norden (letzteres stark mit korsischen und italienischen Elementen gemischt), haben wegen ihrer interessanten Eigenartigkeit schon früh Forscher angezogen, so auch einheimische Gelehrte. Unter den letzteren zeichnete sich vor allen Spano aus, dem wir ein Vocabolario sardo-italiano (Cagliari 1852) und eine Ortografia Sarda ossia Grammatica della lingua Logudorese (ebd. 1840) verdanken, beides noch heute Werke von Wert und Bedeutung, wenigstens als Materialiensammlungen. In knappen aber meisterhaften Zügen hat dann Ascoli die Hauptcharakteristika des modernen Sardisch in einer Note Archivio glott. ital. II, S. 133 ff. zusammengestellt, während Delius in seiner Bonn 1868 erschienenen, jetzigen Ansprüchen freilich nicht mehr ganz genügenden Abhandlung (Der Sardinische Dialekt des 13. Jhs.) eine Darstellung des Alt-Sardischen (speziell des Dialekts von Sassari im Jahre 1316) zu geben versuchte. Eine umfassendere, zugleich historische Untersuchung des sardinischen Idioms alter und neuer Zeit auf Grund eines reichen und guten Materials (bes. Urkunden) wurde vor kurzem durch Gustav Hofmann unternommen, der die Resultate seiner Forschungen in seiner trefflichen Arbeit Die logudoresische und campidanesische Mundart (Straßburger Diss. 1885) niedergelegt hat. Im Vergleich mit dieser fleißigen und gründlichen Arbeit muß Della Barbas Progr. Sul parlare dei Sardi (Reggio d'Emilia 1880) als unzulänglich bezeichnet werden. — Über eine einzelne höchst interessante Erscheinung, welche das Sardinische mit einigen mittel- und süditalienischen Mundarten gemein hat*), schrieb vorzüglich H. Schuchardt Rom. III: Les modifications syntactiques de la consonne initiale dans les dialectes de la Sardaigne, du centre et du Sud de l'Italie. Ferner möge man noch die vom Prinzen Louis-Lucien Bonaparte gesammelten Materialien vergleichen, die derselbe in mehreren Arbeiten veröffentlicht hat; ich nenne seine Osservazioni sulla pronunzia del dialetto sassarese (London 1866), Initial Mutations in the Living Celtic. Basque, Sardinian and Italian Dialects (Transact. of the Phil. Soc. 1882—84).

In Italien läßt sich seit etwa zwei Jahrzehnten eine außerordentlich rege und von schönen Erfolgen belohnte Thätigkeit für Erforschung heimischer Sprache und Litteratur beobachten. Diesen Studien erwuchs durch das Interesse, welches die italienische Regierung an denselben nahm, eine ganz besondere Förderung: Professuren, sei es für romanische Philologie sei es für italienische Sprach- und Litteraturkunde, wurden an verschiedenen Universitäten des Landes gegründet und mit den tüchtigsten Kräften besetzt; und aus den Hörsälen der Universitäten ging in der Folge eine ansehnliche Schar junger Gelehrter hervor, die an den Lyceen und sonst ringsum im Lande wirken und ihre Mußestunden italienischen Sprach- und Litteraturstudien widmen. Eine Reihe von Zeitschriften weiteren und engeren Programms (s. oben S. 413), sowie eine reiche Fülle von Einzelpublikationen legen ein beredtes Zeugnis ab von dem für die in Frage stehenden Studien erwachten Eifer. Und wenn auch noch vieles, ja sehr vieles hier zu thun übrig bleibt, so verdanken wir diesem Eifer doch bereits eine Menge so vortrefflicher Leistungen, daß auf der Grundlage derselben ein weiterer erfolgreicher Ausbau der italienischen Philologie erwartet werden darf.

Einen Überblick über die Entwickelung italienischer Sprache und Litteratur von den ältesten Zeiten bis auf unsere Tage gewähren verschiedene Handbücher und Chrestomathien. Von diesen ist auch noch heutzutage A. Eberts Handbuch der italienischen Nationallitteratur (2. Ausg. Frankfurt 1861) als eines der besten zu empfehlen: eine historisch geordnete Anthologie der Poesie und Prosa, begleitet von einem Abriß der italienischen Litteraturgeschichte. Eine recht reichhaltige Auswahl aus der italienischen Litteratur aller Zeiten und aller Gattungen, ebenfalls mit litterarhistorischen Bemerkungen ver-

talanisch, das hier dann einen eigenen Entwickelungsgang nahm. S. Morosi: L' odierno dialetto catalano di Alghero in Sardegna in den Miscell. Caix-Canello (Florenz, Le Monnier).

*) Es handelt sich um die verschiedene Gestaltung der wortanlautenden Konsonanten, bedingt durch den Charakter des vorhergehenden Auslauts: sas cosas. aber una gosa. sos poveros, aber su boveru. sos tempos, aber su dempu u. s. w.

sehen, bieten auch Tallarigo und Imbriani in ihrer Nuova crestomazia italiana (Neapel Morano 1882 ff.). Leider fehlt es für die ältere Litteratur an einem Handbuche, das dem jetzigen Stande der Wissenschaft und den heutigen Anforderungen an Textbehandlung entspräche. Die vorhandenen Werke genügen nur in beschränktem Maße: ich nenne von älteren Publikationen Nannuccis (Florenz 1878 in 3. Aufl. erschienenes) Manuale della letteratura ital. del primo secolo, ferner die Poeti del primo secolo della lingua italiana von Valeriani und Lampredi (1816). Während die bisher genannten Werke im großen ganzen alles Mundartliche ausschließen und somit demjenigen, der an der Hand der Lektüre zugleich auch in die Entwickelungsgeschichte italienischer Sprache und Dialekte eindringen möchte, kaum genügen, hat Bartoli in seiner Crestomazia della poesia italiana del periodo delle origini (Turin, Löscher 1882) sich bei Auswahl der Texte nicht bloß durch litterarhistorische sondern in gleicher Weise durch sprachgeschichtliche Gesichtspunkte leiten lassen: er giebt Proben des Schriftums der verschiedenen älteren italienischen Dialekte, des Norditalienischen, Toskanischen, Umbrischen, Sicilianischen 2c. Leider ist jedoch die Textbehandlung bei Bartoli eine so wenig befriedigende, daß dadurch die Brauchbarkeit des Buches, trotz seiner erwähnten Vorzüge, stark in Frage gestellt wird. Als ein trauriges Machwerk, das der deutschen Wissenschaft nicht zur Ehre gereicht, muß J. Ulrichs Altitalienisches Lesebuch XIII. Jahrhundert (Halle 1885) bezeichnet werden, zumal es sich an Bartolis Chrestomathie in einer fast ans Unerlaubte grenzenden Weise anlehnt. Hoffentlich erscheint bald die von Monaci in Aussicht gestellte Crestomazia italiana dei primi secoli (Città di Castello, Lapi), um endlich eine wirklich vorhandene Lücke in der Reihe unserer romanistischen Hilfsbücher auszufüllen*).

Über die Anfänge der italienischen Sprache orientiert, die Ansichten von Diez, Caix und andern kurz zusammenfassend, Luigi Morandi in seinem kleinen Schriftchen Origine della lingua italiana (Città di Castello 1883), ohne freilich die vielen noch unbeantworteten Fragen der italienischen Sprachgeschichte durch eigne Forschung ihrer endgültigen Lösung irgend näher zu bringen. Was die sonstigen in Kürze orientierenden Arbeiten anlangt, so sei hier noch einiger Schriften von N. Caix gedacht, die zu ihrer Zeit fördernd, auch heute noch nicht ohne Nutzen gelesen werden: Die Streitfrage über die italienische Sprache (in Hillebrands Italia III S. 121 ff.); La formazione dell' italiano dopo le ultime ricerche (in Nuova Antologia 1874); Saggio sulla storia della lingua e dei dialetti d'Italia con un' introduzione sopra l' origine delle lingue neolatine (Parma 1872).

Eine historische Grammatik des Italienischen, die den jetzigen Anforderungen der Linguistik entspräche, fehlt noch. Der Anfänger wird gut thun, nachdem er sich (etwa mit Hilfe von Mussafias Italienischer Sprachlehre in Regeln und Beispielen für den ersten Unterricht bearbeitet; Wien, Braumüller, schon über 20 Aufl.) einige Kenntnis des Modern-Italienischen angeeignet hat, zunächst die auf das Italienische bezüglichen Partien von Diezens Romanischer Grammatik zu studieren. Für das weitere Studium muß noch immer Blancs Grammatik der italienischen Sprache (Halle 1844) empfohlen werden; wenn auch die linguistische Methode, die Begriffe von Sprachentwickelung, die Anschauungen betreffs der Bedeutung der Lautlehre für die Grammatik und vieles andere in Blancs Arbeit als durchaus veraltet bezeichnet werden muß, so ist dieselbe dennoch wegen der Reichhaltigkeit der darin gewissenhaft registrierten Materialien noch immer ein unumgängliches Hilfsmittel für das wissenschaftliche Studium der italienischen Sprache. Der Anhang enthält eine Metrik. Von neueren Arbeiten verdient mit Lob

---

*) Von umfänglicheren Sammelpublikationen seien hier noch zwei wegen ihrer Bedeutung für italienische Sprach- und Litteraturgeschichte erwähnt: die Collezione di opere inedite o rare dei *primi tre secoli della lingua* und die Scelta di curiosità letterarie inedite o rare dal secolo XIII al XVII, beide bei Romagnoli in Bologna erscheinend, erstere bereits über 100, letztere sogar schon über 200 Bände zählend.

Romanische Philologie.

genannt zu werden Vockerabts Lehrbuch der italienischen Sprache (Berlin, 1878); wir erhalten darin zwar auch keine eigentlich historische Grammatik, wol aber sehr reiche Zusammenstellungen der sprachlichen Thatsachen aus den Litteraturdenkmälern aller Zeiten, ohne daß dabei auf Fragen der Genesis und Entwickelung weiter eingegangen wird: die Syntax ist das Vollständigste und Gründlichste, was bisher in dieser Richtung veröffentlicht wurde. Eine brauchbare Darstellung des Modern-Italienischen enthält R. Fornaciaris Grammatica dell' uso moderno (Florenz, Sansoni 1879 ff., ein Band Formenlehre und Metrik, ein zweiter Band Syntax). Desselben Verfassers Grammatica storica della lingua italiana (Turin 1872) will schon nach einer Angabe auf dem Titelblatt nichts weiter sein, als ein Auszug aus Diezens romanischer Grammatik. Auch die italienische Grammatik von Demattio (3 Hefte: Fonologia-Morfologia-Sintassi, Innsbruck 1875. 76. 77.) sowie Baragiolas Ital. Grammatik mit Berücksichtigung des Lateinischen und der romanischen Schwestersprachen (Straßburg 1880) schließen sich in Bezug auf das Gute, was sie enthalten, so nahe an Tiez an, daß man besser statt derselben gleich Diezens Werk zur Hand nimmt, zumal das, was sie an selbständiger Arbeit bieten, unbrauchbar ist. Was endlich Reinhardstöttners Theoretischpraktische Grammatik der italienischen Sprache speziell für Studierende und Kenner der antiken Sprachen (München 1880) anlangt, so darf man in derselben trotz der im Titel enthaltenen Andeutungen keine wissenschaftliche Behandlung des Stoffes suchen. Die Grammatik verfolgt im wesentlichen praktische Ziele, dürfte aber selbst dafür wegen der großen Menge von Fehlern, welche sie enthält, kaum zu empfehlen sein.

Für einzelne Partien der historischen Grammatik des Italienischen besitzen wir bereits vorzügliche Vorarbeiten. Unter diesen ist vor allem eine Arbeit des schon oben erwähnten Nap. Caix zu erwähnen, sein trefflicher und in vieler Beziehung grundlegender Beitrag zur Geschichte des ältesten Italienischen, den er u. d. Titel Le origini della lingua poetica italiana (Florenz 1880) veröffentlichte *). Von demselben Verfasser nenne ich gleich hier noch ein paar kleinere Abhandlungen: Le alterazioni generali nella lingua italiana (Riv. di fil. rom. II. 71 ff.), wo über Erscheinungen wie Assimilation, Dissimilation, Analogie, Volksetymologie ꝛc. im Italienischen gehandelt wird; ferner seine Osservazioni sul vocalismo italiano (Florenz 1875), wozu die Schrift seines Gegners Joh. Storm, Remarques sur les voyelles atones du latin, des dialectes italiques et de l'italien (Mémoires de la soc. de ling. de Paris II, 80 ff.) zu vergleichen sind. Über die betonten Vokale und ihre Geschichte schrieb U. A. Canello, Il vocalismo tonico italiano (Riv. di fil. rom. I, 207 ff.; Ztschr. f. rom. Phil. I 510 ff.); dazu vgl. Fr. D'Ovidio, Giorn. di fil. rom. I, 69 ff. Der letztere untersuchte eine interessante Erscheinung des italienischen Konsonantismus in Delle voci italiane che raddoppiano una consonante prima della vocale accentata (Rom. VI, 199 ff., dazu Schuchardt, ebd. S. 593 ff.). Ins Gebiet der italienischen Lautlehre gehört endlich auch die äußerst fördernde Arbeit von U. A. Canello über die Allotropi italiani (Arch. glott. ital. III, S. 285 ff.), d. i. über die lautlichen Doppelgestaltungen eines und desselben lateinischen Wortes im Italienischen und über die Gründe dieser Doppelgestaltung (s. o. S. 430). — Für die italienische Formenlehre hat V. Nannucci, wenn man von seinen heute meist veralteten sprachhistorischen Räsonnements und Erklärungsversuchen absieht, einige noch heute recht brauchbare Materialiensammlungen in drei großen Werken über Deklination und Konjugation: Teorica dei nomi della lingua italiana (Florenz 1852); Analisi critica dei verbi italiani (ebb. 1844); Saggio del prospetto generale di tutti i verbi anomali e difettivi sì semplici che composti (ebb. 1853). Einer sehr fördernden und neuen

---

*) Dazu vgl. H. Zehle, Laut- und Flexionslehre in Dantes Div. Commedia (Straßb. Diss. 1885), Zingarelli, Parole e forme della Div. Comm. aliene dal dial. fiorentino (Studj di fil. rom. I), V. Wiese, Über die Sprache des Tesoretto Brunetto Latinis (Berl. Diss. 1883).

Licht verbreitenden Arbeit über das italienische Nomen von Fr. D'Ovidio wurde schon oben S. 423 gedacht. Zur Pronominalflexion vergleiche man einige kleine aber wichtige Abhandlungen von Gröber: Lo li il i im Altitalienischen (Ztschr. I, 108 ff.); Gli egli ogni (ebd. II, 594); ferner Caix im Giornale di fil. rom. I, 43 ff.; II, 1 ff. — Über Präsensbildung im Italienischen (Stammabstufung) handelt Mussafia n den Sitzungsberichten der Wiener Akademie 39 und Caix Giorn. di fil. rom. II, 10.

Wie in seinem zweiten romanischen Lande blühen in Italien die dialektologischen Forschungen, vor allem dank der energischen Initiative und unermüdlichen Thätigkeit Ascolis: seinem beweglichen Geiste verdanken dieselben vorwiegend Anregung und Direktive. Sein oben S. 413 erwähntes Archivio glottologico italiano bildet heute das Centrum dieser Studien: was die deutsche Philologie trotz mehrfach gemachter Anläufe bisher nicht erreicht hat, ein Organ für heimatliche Mundartenkunde, Italien besitzt es in jenem Archivio. Nach dem Muster der Ascolischen Arbeiten, zumal seiner Saggi Ladini (s. u. S. 469), sind von seinen teils direkten, teils indirekten Schülern zahlreiche dialektologische Untersuchungen unternommen worden, die zusammen genommen mit den früheren, zumeist aus patriotischen Antrieben oder praktischen Bestrebungen hervorgegangenen Arbeiten, den zahlreichen Vokabularien*) &c. wol imstande sind, ein hinreichendes Bild von der Vielgestaltigkeit der italienischen Sprache zu geben. Außerhalb Italiens hat sich vor allen Ad. Mussafia in Wien um die italienische Dialektologie große, denen Ascolis gleichwertige Verdienste erworben, besonders durch seine Studien über den Stand der italienischen Mundarten im Mittelalter. — Wem es zunächst daran liegt, sich einen Gesamtüberblick über die Hauptcharakteristika der italienischen Dialekte zu verschaffen, der lese Ascolis klare und bündige Auseinandersetzungen in seinem Aufsatze L' Italia dialettale (Archiv. glott. ital. VIII, S. 98 ff.; zugleich in der Encyclopaedia Britannica). In etwas anderer Weise gewähren einen Gesamtüberblick über die italienischen Dialekte die Proben derselben, die man in Papantis I parlari italiani in Certaldo alla festa del centenario di Boccaccio (Livorno, Vigo 1875) findet, ein Buch, das die 9. Novelle des ersten Tages aus Boccaccios Decameron in mehrere hundert italienische Dialekten übersetzt enthält. Eine ähnliche, wenn auch nicht in gleichem Maße zuverlässige Sammlung von Dialektproben bietet die Raccolta dei dialetti italiani con illustrazioni etnologiche von Zuccagni-Orlandini (Florenz 1844); Proben endlich einer bestimmten Dialektgrupppe (der lombardisch-piemontesisch-emilianischen) sehe man in Biondellis I dialetti gallo-italici (Mailand 1853).

Die in dem an letzter Stelle genannten Werke Biondellis behandelten drei Mundarten läßt man neben den italienischen Dialekten im engeren Sinne des Wortes gern eine selbständige Gruppe für sich bilden, zu welcher einige Gelehrte auch noch das Ligurische zu rechnen pflegen: man bezeichnet diese Gruppe als Gallo-italische, weil sie gewisse charakteristische Züge mit den auf gallischem Boden gesprochenen romanischen Idiomen, dem Provenzalisch-Französischen gemeinsam hat. Verschiedene Dialekte dieser Gruppe sind bereits in trefflicher Weise erforscht. Gab Biondelli ein Bild des jetzigen Standes dieser Mundarten, so sucht Ad. Mussafia in seinem Beitrag zur Kunde der norditalischen Mundarten des 15. Jahrh. (Denkschriften der Wiener Akad., phil.-hist. Klasse 1873) in die ältere Entwickelungsgeschichte jener und benachbarter (z. B. der venezianischen) Dialekte einzudringen**). Demselben Mussafia verdanken wir eine treffliche Darstellung der romagnolischen Mundart (Sitzungs-Ber. der Wiener Akad. LXVII, S. 653 ff.), sowie eine gleich vorzügliche Untersuchung über die altmailändische Mundart nach

---

*) Über diese orientiert Alberto Bacchi Della Lega, Bibliografia dei Vocabolari no' dialetti italiani. Bologna 1879; ich lasse dieselben daher hier, um Raum zu sparen, unerwähnt. Vgl. auch Sachs in Herrigs Archiv 54 S. 274 ff.

**) Vgl. auch die Documenti inediti in antico dialetto italiano, die Bollati und Manno im Arch. stor. ital. 1878 publizierten.

Bonvesins Schriften*) (ebb. LIX, 1). Eine im ganzen wolgelungene Beschreibung des Modernmailändischen lieferte Salvioni in seiner Fonetica del dialetto moderno della città di Milano (Turin 1884). Einen wichtigen altlombardischen Text veröffentlichte W. Foerster u. d. T. Antica parafrasi lombarda di un testo di S. Grisostomo (Arch. glott. ital. VII, 1), weitere altlombardische Texte Salvioni (Arch. IX, 1). Eine an der Grenze des lombardischen und venedischen Dialektgebiets gesprochene Mundart behandelt gründlich Th. Gartner, Die judicarische Mundart (Sitzungs-Ber. der Wiener Akad. 1882). Altveronesisches (Giacomino da Verona) enthalten Mussafias Monumenti antichi di dialetti italiani (Sitzungs-Ber. der Wiener Akad. XLVI, 1); im altveronesischen Dialekt aus dem Anfang des 14. Jahrh. ist ferner eine Katharinenlegende geschrieben, die Mussafia (Wien 1874) edierte; für denselben Dialekt vergleiche man endlich Foerster, Un testo dialettale italiano del s. XIII (Giorn. di fil. rom. II, 44 ff.), Keller, Die Sprache des Venezianer Roland V⁴ (Straßburger Dissertation 1884**), Statuten einer Geißelbruderschaft in Trient aus dem 14. Jahrh., herausg. von Schneller (Innsbruck 1881). Für die Kenntnis des Altpiemontesischen sind wichtig die Gallo-italischen Predigten aus Cod. misc. lat. Taurinensis D. VI. 10 des 12. Jahrh., die Foerster in den Romanischen Studien IV, 1 ff. publizierte. Dem Ligurischen, das, wie bemerkt, bisweilen von den besprochenen gallo-italischen Mundarten gesondert wird, wies Ascoli seine Stelle an in dem lichtvollen Aufsatze Sul posto che spetta al ligure nel sistema dei dialetti italiani (Arch. glott. ital. II). Wichtige, die Kenntnis des Altligurischen fördernde Texte machten Lagomaggiore und Ive zugänglich (Rime genovesi, 13., 14. Jahrh. Arch. II, 2; Prose genovesi, 14., 15. Jahrh., ebb. VIII, 1; vgl. dazu Flechia, Arch. VIII, 3 (Annotazioni sistematiche)***).

Nicht zu den gallo-italischen, sondern zu den italienischen Mundarten im engeren Sinne gehört von oberitalischen Idiomen das moderne Stadtvenezianische. Wegen dieses eigenen Verhältnisses, in dem das Stadtvenezianische heute zum Italienischen steht, möge der Dialekt von Venedig überhaupt hier unter den italienischen Mundarten besprochen sein, obwol die Sprache von Venedig-Land und ebenso das alte Idiom der Stadt Venedig selbst weit mehr zur ladinischen Gruppe rechnet. Über den Dialekt von Venedig belehrt am besten Ascoli im Arch. glott. ital. I, S. 391 ff., über die ältere Sprache ebb. S. 448 ff. Die Kenntnis der letzteren wird durch eine ansehnliche Reihe altvenezianischer Texte vermittelt, welche bis in die erste Hälfte des 13. Jahrh. zurückreichen. Um die Erschließung dieser Quellen hat sich ganz besonders Ad. Mussafia verdient gemacht: ich nenne u. a. seine Ausgabe des Trattato „de regimine rectoris" di Fra Paolino Minorita (Wien 1868), des Tristano in anticho dialetto di Venezia (Sitzungs-Ber. der Wiener Akad. LXIV). Einen höchst wertvollen Beitrag zur altitalienischen Dialektologie bot Ad. Tobler in der Edition einer altvenezianischen Übersetzung der Sprüche des Dionysius Cato und der dieser Ausgabe vorangeschickten grammatischen Abhandlung (Abh. der Berliner Akademie 1883). Von demselben Gelehrten sei hier gleich eine weitere in gleicher Hinsicht wichtige und in gleicher Weise ausgestattete Publikation erwähnt: Das Buch des Uguçon da Laodho (ebb. 1884). Über weitere altvenezianische Litteratur vgl. Ascoli a. a. O. und ferner seine dialektologischen Bemerkungen zu der von A. Ceruti veröffentlichten altvenezianischen Kaiserchronik (Arch. glott. ital. III). — Von Arbeiten über mittelitalische Dialekte sei hier nur genannt: L. Hirsch, Laut- und Formenlehre des Dialekts von Siena (Ztschr. IX). Zahlreicher und zum Teil vorzüglich sind die Arbeiten, welche sich mit dem Süditalienischen (speziell

---

*) Eine Ausgabe dieser für die ital. Dialektkunde so wichtigen Schriften, besorgt von Mussafia und Monaci, befindet sich unter der Presse.

**) [Vgl. jetzt auch W. Meyers Franco-Ital. Studien in Ztschr. IX].

***) Für das Norditalische vgl. auch B. Malfatti, Degli idiomi parlati anticamente nel Trentino e dei dialetti odierni (Giorn. di fil. rom. I, S. 119).

Neapolitanischen) und dem hiermit zunächst verwandten Sicilianischen beschäftigen. Für unsere Kenntnis des ältern Standes der süditalienischen Mundarten sind von Bedeutung zwei neuere Publikationen Ad. Mussafias: seine Ausgaben eines altneapolitanischen Regimen Sanitatis und einer jener Dialektgruppe gleichfalls angehörenden Katharinenlegende*) (Sitzungs-Ver. der Wiener Akad. CVI und CX), beide versehen mit einer grammatischen Einleitung, in der man alles irgendwie sprachlich Beachtenswerte zusammengestellt findet. Einen der nördlichsten Dialekte der neapolitanischen Gruppe, den von Campobasso, beschrieb Fr. D'Ovidio in vorzüglicher Weise: La fonetica del dialetto di Campobasso (Arch. glott. ital. IV); in gleicher Weise verdient die Arbeit G. Morosis über den Vokalismus des Dialekts von Lecce (ebd.) empfohlen zu werden**). — Über das Sicilianische orientiert in Kürze Ascoli im Arch. glott. ital. II, 145 ff. Weitere Belehrung findet man über das Modernsicilianische in Avolios, freilich nicht immer zuverlässiger Introduzione allo studio del dialetto Siciliano (Noto 1882); vgl. desselben Verfassers Canti popolari di Noto (Noto 1875, S. 1—118 gramm. Einl.). Wentrups Programmarbeit Beiträge zur Kenntnis des sicilianischen Dialekts (Roßleben 1880) ist wegen der darin enthaltenen Materialien brauchbar und belehrend, in methodischer Hinsicht jedoch und auch in vielen anderen Beziehungen nicht auf der Höhe der Wissenschaft. Ganz willkommene Beiträge zur sicilianischen Lautlehre älterer und neuerer Zeit sind die zwei Dissertationen von Pariselle und Hüllen: Die Sprachformen der ältesten sicilianischen Chroniken (Halle 1883) und Vokalismus des sicilianischen Dialekts (Bonn 1884). Über die altsicilianische Dichtersprache s. Gasparys Sicilianische Dichterschule (Berlin 1878). Vgl. endlich De Gregorios Fonetica dei dialetti gallo-italici di Sicilia (Arch. VIII, 304 ff.) und Morosis Bemerkungen dazu (ebd. 407 ff.).

Die lexikalischen Hilfsmittel fürs Studium der italienischen Sprache lassen noch manches zu wünschen übrig: auch hier mangelt es wie anderswo an einem wirklich wissenschaftlichen Wörterbuch, sei es des Italienischen in seiner gesamten Entwickelung, sei es für einzelne Perioden. Die Bemühungen der Accademia della Crusca zu Florenz um Schöpfung eines solchen wissenschaftlichen Wörterbuchs des Italienischen sind von keinem hervorragenden Erfolge gekrönt worden. Ihr „Vocabolario" (in der „Quinta Impressione" 1885 bis Band V, 3: Feudo gediehen) entspricht den heute zu stellenden Anforderungen in nur geringer Weise. Immerhin besitzen wir einige gute Inventarisierungen v. a. des modernen italienischen Sprachschatzes: ich empfehle besonders Rigutinis und Fanfanis Vocabolario italiano della lingua parlata (Florenz, neue Ausg. 1883), ein treffliches Hilfsmittel für das Studium des Italienischen: die Beispiele, welche zur Illustration der Bedeutung, des Gebrauchs u. s. w. der einzelnen Wörter dienen, sind allerdings nicht, wie man es in einem wissenschaftlichen Wörterbuch erwartet, italienischen Schriftstellern entnommen, sondern — wie im Wörterbuch der französischen Akademie — erfunden, gemacht; das Geschick und die Umsicht der Verfasser in dieser Richtung verdienen jedoch alles Lob. Vgl. auch Fanfanis Vocabolario della lingua ital. (neue Ausg. Florenz 1882). Ferner nenne ich als gut Tommaseos und Bellinis Dizionario della lingua italiana (Turin 1865 ff., 4 Bde.). Endlich sei erwähnt P. Petrocchis Novo Dizionario universale della lingua italiana (Mailand, Gebr. Treves), das vor kurzem in Lieferungen zu erscheinen angefangen hat: nach den bis jetzt vorliegenden Proben zu schließen, verspricht dieses italienische Wörterbuch eins der besten zu werden. Es unterscheidet sich von dem Rigutini-Fanfanischen Vocabolario wesentlich dadurch, daß es nicht nur die lingua parlata, lingua dell' uso, sondern auch (in einer gesonderten

---

*) Derselbe Text wurde zugleich mit vier weitern, welche unsere Kunde des ältern mundartlichen Schrifttums Süditaliens in willkommener Weise erweitern, veröffentlicht in Percopos IV Poemetti sacri dei secoli XIV, XV (Scelta di curiosità letterarie CCXI).

**) Vgl. desselben Verfassers Arbeiten über die an den beiden äußerst südlichen Enden Italiens (Terra d'Otranto und Calabrien, Prov. Reggio) gesprochenen griech. Dialekte, u. a. I dialetti romaici del mandamento di Bova in Calabria (Arch. glott. ital. IV).

Rubrik) die ältere Sprache berücksichtigt, und bezüglich der Aussprache-Bezeichnung dürfte es die meisten italienischen Wörterbücher weit übertreffen. — Aus der Zahl der italienisch-deutschen Wörterbücher verdient besonders H. Michaelis' Vollständiges Wörterbuch der italienischen Sprache (Leipzig, Brockhaus, 2 Bde., 2. Aufl. 1885) genannt zu werden, von älteren Valentinis großes Italienisch-deutsches und deutsch-italienisches Wörterbuch (Leipzig 1831 ff., 4 Bde.).

Im Norden schließt sich an das italienische Sprachgebiet das der **ladinischen** oder **rätoromanischen***) Idiome an. Man faßt unter diesem Namen heutzutage die Kette romanischer Dialekte zusammen, welche noch heute in Graubünden, Südtirol und Friaul, also in den südlichen Alpenthälern von den Quellen des Rheins bis ans adriatische Meer, gesprochen werden. Zwar bilden diese Idiome keine Einheit in dem Sinne wie z. B. die französischen und italienischen Dialekte: um eine solche Einheit zu bilden, fehlt ihnen das Band einer gemeinsamen Schriftsprache und gemeinsamen Volkstums. Trotzdem betrachtet man die in Frage stehenden Idiome wegen gewisser nur ihnen eigener Spracherscheinungen heute als eine selbständige romanische Sprachengruppe und hat mit Recht aufgehört, einzelne Dialekte dieser Gruppe, wie früher oft geschah, dem Italienischen zuzurechnen. Am besten und bequemsten unterrichtet man sich jetzt über das Ladinische und alle diese Gruppe angehenden Fragen in Theodor Gartners Rätoromanischer Grammatik (Heilbronn, Gebr. Henninger 1883), eine der vortrefflichsten Leistungen der letzten Jahre auf dem Gebiete der romanischen Sprachforschung. Neben dem Studium dieses Werkes wird aber niemand die Lektüre der klassischen Saggi ladini von Ascoli (Arch. glott. ital. I, Rom 1873) vernachlässigen dürfen, ein Werk, das nicht bloß für die Erforschung des Rätoromanischen bahnbrechend gewesen ist, sondern in gleicher Weise für die gesamte romanische Sprachforschung epochemachend wurde: in ihm war ein für lange Zeit bleibendes Muster gegeben für eine wirklich wissenschaftliche Behandlung der Lautlehre moderner romanischer Idiome. Gartner und Ascoli verdanken wir außer den genannten beiden Hauptwerken noch eine Reihe Spezialuntersuchungen über das Ladinische: ich nenne von Gartner seine gründliche Darstellung der Gredner Mundart (Linz-Heilbronn 1879), seine Programmabhandlung Sulzberger Wörter (Wien-Leipzig 1883), von Ascoli seinen Saggio di morfologia e lessicologia soprasilvana (Arch. VII, 406—602), der in gewissem Sinne als Fortsetzung und Ergänzung der Saggi ladini betrachtet werden darf; vgl. dazu die in demselben Bande des Archivio durch C. Decurtins veröffentlichten Quattro testi soprasilvani, die mit dem Saggio zusammengenommen ein vorzügliches Handbuch für den betreffenden Dialekt bilden. Von weiteren Beiträgen zur rätoromanischen Grammatik hebe ich hervor**): Schuchardt, über einige Fälle bedingten Lautwandels im Churwälschen (Gotha 1870); Stengel, Vokalismus des lateinischen Elementes in den wichtigsten romanischen Dialekten von Graubünden und Tirol (Bonn 1868); Joh. Altons nicht immer streng wissenschaftliche, aber im ganzen gut orientierende Arbeit über die ladinischen Idiome in Ladinien, Gröden, Fassa, Buchenstein, Ampezzo (Innsbruck 1879, vgl. dazu Gartner, Rom. Stud. IV, 638 ff., und desselben Alton Beiträge zur Ethnologie von Ladinien; Innsbruck 1880); Jak. Stürzingers fördernde Dissertation über die Konjugation im Rätoromanischen (Winterthur-Zürich 1879); Mischi, Teutsche Wörter im Ladinschen (Gymn.-Progr., Brixen 1882). Vor allem muß hier der Thätigkeit Eduard Böhmers gedacht werden, der unter den deutschen Romanisten sich wol die größten Verdienste um die Erforschung der ladinischen Mundarten erworben hat. Die verschiedenen Bände seiner „Romanischen Studien" enthalten teils von ihm selber, teils von seinen Mitarbeitern eine ansehnliche Reihe vorzüglicher Arbeiten auf dem Gebiete der rätoromanischen Sprach- und Litteraturkunde: ich nenne Heft III: Chanzuns Popa-

---

*) Vgl. über die obigen und andern Bezeichnungen Gartners gleich zu nennende Grammatik S. XIX.

**) Vgl. die Bibliographie bei Gartner S. XLV ff.

lares d'Engadina (hrsg. von Flugi), Der Ladinische Tobia (hrsg. von dems.); Heft VII: Praulas surselvanas (hrsg. von Decurtins); Churwälsche Sprichwörter (hrsg. von Böhmer); Prädikatskasus im Rätoromanischen (von dems.); Heft X: Nonsbergisches (von dems.), Gredneriches (von dems.); Heft XX: Verzeichnis rätoromanischer Litteratur (von dems.); Heft XXI: Die zehn Alter, eine rätoromanische Bearbeitung aus dem 16. Jahrh. (herausgeg. von Gartner); W. von Humboldt über Rätoromanisches. Nebst ungedrucktem von Mtth. Conradi (von dems.); Zum Prädikatskasus (von Böhmer). — Ein ganz besonderer Eifer wird seit einigen Jahren in Bezug auf Erschließung rätoromanischer Sprachquellen, b. h. Veröffentlichung rätoromanischer Texte entwickelt: Gelehrte wie Decurtins, A. von Flugi, V. Joppi, J. Ulrich u. a. entfalteten eine rege Thätigkeit auf diesem Gebiete, wovon verschiedene Bände der Zeitschrift für romanische Philologie, der Romania, des Archivio glott. italiano u. s. w. Zeugnis ablegen. Dem zuletzt genannten J. Ulrich verdanken wir auch eine Rätoromanische Chrestomathie in 2 Teilen (Halle, Niemeyer 1882 ff.) und eine Sammlung Rätoromanischer Texte (ebd. 1883 ff.): leider lassen aber beide Publikationen an Sauberkeit und Zuverlässigkeit sehr viel zu wünschen übrig, so daß ihre Verwendbarkeit sehr in Frage gestellt wird. — Von lexikalischen Hilfsmitteln für das Studium des Rätoromanischen erwähne ich Vas. Carigiets Bonn 1882 erschienenes Rätoromanisches Wörterbuch und O. Carischs Taschenwörterbuch der Rätoromanischen Sprache in Graubünden u. s. w. mit drei. Nachträgen (Chur 1848—1852).

Wir kommen zum letzten und entlegensten Gebiet romanischen Sprachtums, zum Rumänischen. Dasselbe erfreut sich erst seit kurzer Zeit einer allseitigeren Berücksichtigung und wirklich wissenschaftlicher Behandlung, seitdem vor allem auch eine Reihe von einheimischen tüchtigen Gelehrten wie Hasdeu, Gaster, Tiktin u. a. angefangen hat, den Boden für die Forschung zu ebnen und zu bereiten. Wenn es auch wol vielfach die mit dem Studium des Rumänischen verbundenen eigenartigen Schwierigkeiten (ich verweise u. a. auf die verwickelten ethnographischen Verhältnisse, auf die bunte Zusammensetzung des rumänischen Sprachschatzes aus lateinischen, slavischen, türkischen, magyarischen, albanesischen Elementen) waren, welche die außerrumänischen Romanisten oft abschreckten, dies Forschungsgebiet zu betreten, so war doch andererseits eine regere Beteiligung der letzteren lange Zeit geradezu unmöglich, weil viele, ja die meisten Sprachquellen denselben völlig unzugänglich waren: die ältere Litteratur war entweder noch bloß handschriftlich oder in nur wenigen Drucken zugänglich, ja gewisse Dialekte, die — wie das Istro- und Macedorumänische — keine eigentliche geschriebene Litteratur aufzuweisen haben, konnten nur von dem studiert werden, der an Ort und Stelle ging. Trotz aller dieser und anderer Schwierigkeiten hat die Erforschung rumänischer Sprache und Litteratur in den letzten Jahren einen erfreulichen Aufschwung genommen, dem eine Reihe zum Teil bedeutender Erscheinungen zu danken ist.

Zur ersten Einführung in rumänische Sprache und Schrifttum ist Emile Picots kleine Sammlung rumänischer Texte geeignet, welche derselbe u. d. T. Documents pour servir à l'étude des dialectes Roumains in der Revue de linguistique V, S. 275 ff. (Paris 1873; auch separat) veröffentlichte, wozu man desselben Picot Leçon d'ouverture du cours de langue et de littérature roumaines (in der gleichen Revue VIII, S. 167 ff.) vergleichen mag. Weiteres Material an Texten des 16. und 17. Jahrh. bietet T. Ciparius Crestomatia sau analecte literare (Blasiu 1858), welche Lesestücke aus siebenbürgischen Drucken des 16., aus siebenbürgischen, walachischen, moldauischen und sonstigen Drucken des 17. Jahrh. enthält*). Besonders hat sich Hasdeu um Erschließung rumänischer Sprachquellen, vor allem älterer Zeit, verdient gemacht. Ich kann hier nur einige seiner vielen hierher gehörigen Publikationen namhaft machen: Archiva istoricǎ a Romǎnieǐ (4 Bde., Bukarest 1865—1867); Cuvente den bǎtrǎnǐ, Bd. 1: Limba romǎnǎ vorbitǎ intre 1550—1600 (Bukarest 1878; enthält Ur-

---

*) Eine rumänische Chrestomathie ist auch von M. Gaster (Bukarest) in Aussicht gestellt.

kunden aus den Jahren 1571—1636, eine Wörtersammlung aus slavischen Urkunden des 16. Jahrh., ein Glossar vom Beginn des 17. Jahrh., und die Chronik Mihail Moxas vom Jahre 1620). Bd. II: Cărțile poporane ale Românilor în secolul XVI. Studiŭ di filologiă comparativă (Bukarest 1879, enthält rumänische Texte des 16. Jahrh.). Dazu erschien im selben Jahre Suplementul la tomul I mit Aufsätzen von Hasdeu, Schuchardt, Gaster, Bariții ꝛc. Außerdem veröffentlichte Hasdeu — abgesehen von einer Reihe Einzelpublikationen, die hier nicht alle erwähnt werden können — zahlreiche Texte, sowie selbständige Beiträge zur rumänischen Philologie in der von ihm herausgegebenen Zeitschrift Columna luĭ Traianŭ: Revista mensualǎ pentru istoriă, linguisticǎ si psicologia poporană (Bukarest 1870 ff.); diese Zeitschrift ist für den, der sich eingehender mit rumänischer Sprache und Litteratur befassen will, eins der wichtigsten Hilfsmittel, dessen niemand wird entraten können*).

Bevor ich zur Besprechung der eigentlich sprachwissenschaftlichen Werke über das Rumänische übergehe, sei hier noch einiger Arbeiten gedacht, welche über die schwierigen und daher viel umstrittenen Fragen der rumänischen Ethnographie, über Ursprung und älteste Geschichte der Rumänen handeln, Fragen, die mit der Geschichte der rumänischen Sprache in innigem Zusammenhang stehen. Solcher ethnographischen Untersuchungen giebt es eine außerordentlich große Zahl: ich sehe dabei natürlich von den vielen Arbeiten Einheimischer ab, die von außerwissenschaftlichen, politisch-patriotischen Interessen diktiert sind, und beschränke mich auf die Nennung einiger weniger wirklich wissenschaftlicher Forschungen. Zwei einander völlig entgegengesetzte Standpunkte nehmen in der Beurteilung des Ursprungs der Rumänen Rösler und Jung ein: während der erstere die schon früher ausgesprochene Hypothese von der Einwanderung der heutigen Rumänen aus andern Gebietsteilen**) durch neue Gründe zu stützen sucht, verficht der letztere die Ansicht, daß das heutige Gebiet der Rumänen von Anfang an das ihrige gewesen wäre. Vgl. Rösler, Rumänische Studien (Leipzig 1871) und Jung, Die Anfänge der Rumänen (Ztschr. f. d. österr. Gymnasien 1876), sowie desselben Römer und Romanen in den Donauländern. Historisch-ethnographische Studien (Innsbruck 1877). Aus der Zahl der neuern Arbeiten hebe ich nur Hunfalvy, Ethnographie von Ungarn (Budapest 1877, S. 334 ff.), H. Schwider, Die Herkunft der Rumänen (Ausland 1877, 1878, 1879), beide Anhänger der Röslerschen Theorie, ferner J. L. Pić, Die Abstammung der Rumänen (Leipzig 1880) und L. Diefenbachs kurz belehrende Völkerkunde Osteuropas (Darmstadt 1880) hervor. Vom Ursprung der Rumänen und der Bildung der rumänischen Sprache handelt auch Hasdeu in seiner Istoria critică a Românilor (I, 2. Aufl. Bukarest 1875, II, ebd. 1874); über die ethnographischen Verhältnisse der Macedorumänen vergleiche E. Picots Resumé Les Roumains de la Macedoine (Paris 1875, in der Revue d'anthropologie IV, S. 385 ff.).

Die bisher erschienenen rumänischen Grammatiken verfolgen meist praktische, zu einem nur geringen Teil wissenschaftliche Ziele. Ich nenne von der letzteren Art vor allen T. Ciparius nützliche Gramatica limbei romane (I: Laut- und Formenlehre, Bukarest 1870, II: Syntax, ebd. 1877) und desselben Verfassers Principii de limbă si de scriptură (Blasiu 1864); das letztere Werk enthält S. 101 ff. auch eine Bibliographie der älteren rumänischen Litteratur. Weitere Grammatiken veröffentlichten Barcianu (Hermannstadt 1862), Blazewicz (Lemberg 1844), Circa (Bukarest 1878), Clemens (Hermannstadt 1836), Piltia (Brașovu 1881), Pumnul

---

*) Ich verweise hier auf zwei weitere Zeitschriften von ähnlicher Bedeutung für die rumänische Philologie: die von J. Negruzzi in Jassi 1867 ff. herausgegebenen Convorbiri literare und die seit 1883 in Bukarest erscheinende Revista pentru Storie, Archeologie si Filologie hrsg. von G. G. Tocilescu mit Beiträgen von Gaster, Lambrior u. a. m.

**) „Die Heimat der heutigen Rumänen könne nur im Süden der Donau gesucht werden, von wo dieselben erst gegen Anfang des XIII. Jahrhunderts in die nördlichen Gegenden einzuwandern und einen Staat zu gründen begonnen hätten". Gaster, Ztschr. f. rom. Phil. II, 470.

(Wien 1864), Strajan (Bukarest 1880) u. a. m. Die Aufgaben einer wissenschaftlichen Grammatik des Rumänischen zeichnete Hasdeu in seiner Vorlesung Principie de filologia comparativă ario-europea cu aplicatium la istoria limbei romăne (Bukarest 1875). Wie an dieser Stelle, so hat Hasdeu des öfteren seinen Anschauungen über die Prinzipien der Sprachwissenschaft Ausdruck gegeben; er verfährt bei Beurteilung der rumänischen Sprachgeschichte nie einseitig, sondern stellt sich stets auf den umfassenderen Boden der allgemeinen Linguistik, der vergleichenden indogermanischen Sprachforschung; vgl. u. a. Cuvente den bătrăni III. Istoria limbeï romăne P. I: Principiĭ de linguistică, ca introducere la „Istoria limbeï romăne" F. 1: Conspectul sciintelor filologice. Linguistica in genere (Bukarest 1881); ferner Studie de sciintza limbeĭ (in Columna luĭ Traïanŭ. Neue Serie III, 1882), endlich die Einleitung zu dem unten besprochenen Rumänischen Wörterbuch.

Fehlt es auch an einer wissenschaftlichen Gesamtgrammatik des Rumänischen, so besitzen wir doch in einer ansehnlichen Zahl Einzeluntersuchungen treffliche Vorarbeiten zu einer solchen. Ich sehe auch in der folgenden Zusammenstellung von den vielen, meist bedeutsamen Beiträgen Hasdeus, die derselbe in seiner Columna luĭ Traïanŭ veröffentlichte, ebenso von den in der Revista etc. enthaltenen Artikeln ab, da eine Aufzählung derselben zu viel Raum in Anspruch nehmen würde. Von ganz hervorragender Bedeutung sind die Forschungen Miklosichs über das Istro- und Macedorumänische, seine Istro- und macedorumunischen Sprachdenkmäler, welche er unter Mitwirkung von Ant. Ive und Th. Gartner Wien 1881 und 1882 in zwei Heften veröffentlichte (S.-A. aus den Denkschriften der Wiener Akademie), sowie die sich daran anschließenden Beiträge zur Lautlehre der rumunischen Dialekte (Sitzungs-Ber. der Wiener Akad. Bd. 98—102, auch separat). Über die in Frage stehenden rumänischen Mundarten*) vergleiche noch die älteren Arbeiten von Miklosich, Die istrischen Rumänen (Dkschr. der Wiener Akad. XII, S. 55 ff.), Joan Maiorescu, Itinerar in Istria si vocabular istriano-roman. (Jassi 1874)), ferner M. G. Boïagi, Romanische oder macedowalachische Sprachlehre (2. Aufl. Bukarest 1863) und Petrescu, Mostre de dialectul macedo-romîn (ebb. 1880) — Zwei höchst wichtige Kapitel der rumänischen Lautlehre (die Diphthonge ĕa und ïa; Einfluß von ş und j auf benachbarte Vokale) untersuchte in gründlicher und vielfach abschließender Weise H. Tiktin in seinen Studien zur rumänischen Philologie I (Leipzig 1884), wozu die ältere Arbeit von Ad. Mussafia, Zur rumänischen Vokalisation (Wien 1868, Sitzungs-Ber. der Akad. LVIII) zu vergleichen ist, dessen Aufstellungen zum Teil durch Tiktin Berichtigung und Ergänzung erfahren. Weitere wertvolle Beiträge zur Lehre vom rumänischen Vokalismus sind dem unserer Wissenschaft leider zu früh entrissenen A. Lambrior zu danken: derselbe handelt Romania VII, S. 85 ff. über die Geschichte von lateinischem ĕ im Rumänischen; Rom. IX, S. 99 ff., 366 ff., X, 346 ff. über die der betonten Vokale. Géorgian's Essai sur le vocalisme Roumain (Leipz. Diss. 1876) steht den genannten Arbeiten an Wert weit nach, war aber trotzdem zu seiner Zeit ganz dankenswert. Zwei vortreffliche Arbeiten über Fragen des rumänischen Konsonantismus lieferten M. Gaster und der genannte A. Lambrior; ersterer giebt Ztschr. f. rom. Phil. II, 355 ff. eine Geschichte der rumänischen Gutturalreihe unter Berücksichtigung der lateinischen und außerlateinischen Elemente der rumänischen Sprache, letzterer untersucht Rom. VI, S. 443 ff. die Behandlung der Labialen p b v f. Sprachliches aus rumänischen Märchen stellt Jarnik in einer Programmabhandlung (Wien 1877) zusammen. — Zahlreich sind die Arbeiten über heutige rumänische Orthographie. Wol in keinem andern Lande ist die orthographische Frage eine so brennende, wie in Rumänien: historisches und phonetisches Prinzip liegen im Kampfe, der von den Parteien mit bewunderungswürdigem Ernst und Eifer, freilich aber nicht immer mit rein

---

*) Über einen jetzt untergegangenen, vor einem Menschenalter noch gesprochenen rumän. Dialekt f. G. Cubich, Notizie naturali e storiche sul' Isola di Veglia (Triest 1874).

wissenschaftlichen Waffen geführt wird: besonders die Anhänger des historischen Prinzips lassen sich oft mehr von patriotischen als von wissenschaftlichen Gesichtspunkten leiten und gehen infolge dessen in ihrem Anschluß ans Latein oft zu weit. Eine ganze Reihe orthographischer Systeme wurde bereits aufgestellt, von den einen behauptet, von den andern verworfen, so daß der nicht Einheimische lange Zeit braucht, um sich in diesem Wirrsal zurechtzufinden. Aus der Zahl der hierhergehörigen Schriften hebe ich natürlich nur die heraus, die mir als wirklich wissenschaftliche der Beachtung und Lektüre wert erscheinen. In Kürze orientieren über die Frage E. Picot (Revue de ling. II, III) und H. Schuchardt (Rom. II, 72 ff.). Nüchtern und sachlich, rein philologisch behandelt die Frage der Anhänger des phonetischen Systems G. P. Frollo (s. u.) in seiner philologisch-kritischen Studie O nouă încercare de solutiune a problemului ortograficu (Bukarest 1875).

Die rumänische Formenlehre ist im ganzen noch wenig Gegenstand der Detailforschung gewesen. Ich nenne Mussafia, Zur rumänischen Formenlehre (Verbum) im Jahrb. f. rom. u. engl. Sprache u. Litt. X, S. 353 ff; Tiftin, Un fenomen morfologicu in limba romăna. studiu fil. (in den Convorbiri literare 1879 Nov., Dez.). Über einige Suffixe zur Bildung des Substantivs und Adjektivs im Rumänischen handelt Stefnreac in einem Programm (Suczawa 1880). — Von syntaktischen Arbeiten erwähne ich Hasdeus Artikel Le type syntactique Homo-ille ille-bonus et sa parentèle (im Arch. glott. ital. III, S. 420 ff.), wozu Cihacs Bemerkungen in den Romanischen Studien IV, S. 431 ff. zu vergleichen sind, und die hübsch orientierende Programmabhandlung von M. Schuster über den bestimmten Artikel im Rumänischen und Albanesischen*) (Hermannstadt 1882).

Was schließlich die rumänische Lexikographie anbetrifft, so hat in diesen Tagen ein Werk zu erscheinen angefangen, auf das stolz zu sein die Rumänen sowol wie die romanische Philologie in gleicher Weise das Recht haben: ich meine Hasdeus Etymologicum magnum Romaniae. Dictionarul Limbei istorice si poporane a Romănilor (1. Lief. a—acat, Bukarest 1885), ein auf der breitesten Basis mit größter Umsicht und Gelehrsamkeit angelegtes historisches Wörterbuch der rumänischen Sprache. Hoffentlich haben wir uns bald der Vollendung dieses monumentalen Werkes zu erfreuen. Von früheren lexikalischen Arbeiten, die sich jedoch meist auf eine Registrierung des modern-rumänischen Wortschatzes beschränken, nenne ich folgende: vor allem Laurianu und Massimu, Dictionariulu limbei romăne (ebd. 1871), und Frollos brauchbares Dizionario rumeno-italiano-francese (Pest 1875); ferner Lexicon Valachico-latino-hungaro-germanicum (Budae 1825), Iszer, Walachisch-deutsches Wörterbuch (Kronstadt 1850), Bariţ und Munteanu, Deutsch-rumänisches Wörterbuch (ebd. 1853), Barcianu, Romanisch-deutsches Wörterbuch (Hermannstadt 1868), Costinescu, Vocabular romîno-francez (Bukarest 1870), Polizu, Vocabular romîno-german (Braşov 1857); Poenar, Aaron und Hill, Vocabular frantezo-romînesc (Bukarest 1840—1841), Pontbriant, Dict. romîno-francez (ebd. 1862), Stamati, Wörterbuch der deutsch. und rom. Sprache (Jassi 1852).

In etymologischer Hinsicht hat der rumänische Wortschatz in Cihac einen guten Bearbeiter gefunden: Dictionnaire d'étymologie daco-romane I. Eléments latins (Frankfurt 1870). II. Eléments slaves, magyars, turcs, grecs-moderne et albanais (ebd. 1879). Wenn auch im einzelnen die Aufstellungen mancher Ergänzung und Berichtigung bedürfen, so verdient doch die Arbeit als erster umfassender Versuch eines rumänischen etymologischen Wörterbuchs die höchste Anerkennung: es war wenigstens damit eine gute Basis und ein Ausgangspunkt für die weitere Forschung in dieser Richtung gegeben. Vgl. auch Cihac in den Rom. Stud. IV, 451 ff. Einzelne Teile des rumänischen Wörterbuchs wurden noch von Miklosich und Rösler etymologisch

---

*) Über das Albanesische vgl. das Litteraturverzeichnis, das G. Meyer in seinen Albanesischen Studien I (Wien, 1883, S.-A. aus den Sitz.-Ber. der Wiener Akademie) gegeben hat.

untersucht: so die slavischen Elemente durch den Meister auf diesem Gebiete, Miklosich (Denkschr. der Wiener Akad. XII, 1862), die griechischen und türkischen Bestandteile durch Rösler (Sitzungs-Ber. der Wiener Akad. L, 1865), das Magyarische im Rumänischen durch denselben in seinen Romanischen Studien (s. o. S. 471) S. 347 ff. Endlich verweise ich noch auf Hasdeus Fragmente pentru istoria limbeĭ române: Elemente Dacice (2 Hefte, Bukarest 1876)*). —

Litteratur**). Wer sich mit der Litteratur irgend einer der romanischen Nationen beschäftigen will, wird bei der Gemeinsamkeit der mittelalterlichen lateinischen Litteratur, bei der bekannten Manigfaltigkeit der Wechselbeziehungen zwischen den Litteraturen der verschiedenen Kulturvölker nicht umhin können, aus dem Kreis der einzelnen romanischen Litteratur herauszutreten und in der Litteratur auch der außerromanischen Völker Umschau zu halten: nur so wird ihm ein wirkliches Verständnis der einzelnen Litteratur, mit der er sich beschäftigt, ihres Entwickelungsganges und der denselben bedingenden Faktoren aufgehen. Es kann natürlich nicht davon die Rede sein, hier einen Überblick über die Hilfsmittel zum Studium der Litteraturen sämtlicher in Betracht kommenden Kulturvölker zu geben; immerhin wird es am Platze sein, hier wenigstens auf einige litterarhistorische Werke allgemeineren Inhalts kurz hinzuweisen. So ist ein noch heute dem Litterarhistoriker wertvolles bibliographisches Nachschlagebuch J. G. Th. Gräßes Lehrbuch einer allgemeinen Litterärgeschichte aller bekannten Völker von den ältesten Zeiten bis auf die neueste Zeit (4 Bände, Leipzig und Dresden 1837—1859; 1. Bd. in 2 Abteil.: Die alte Welt; 2. Bd. in 3 Abteil.: Das Mittelalter; 3. Bd. in 3 Abteil.: Die neue Zeit; 4. Bd.: Register). Ein Auszug aus diesem größeren Werke ist desselben Verfassers Handbuch der allgemeinen Literaturgeschichte u. s. w. (4 Bde., Leipzig 1844—1849). Von Werken, welche die Entwickelung einer bestimmten Litteraturgattung bei verschiedenen Nationen behandeln, nenne ich J. Dunlops Geschichte der Prosadichtungen oder Geschichte der Romane, Novellen, Märchen u. s. w. Aus dem Englischen übertragen, vermehrt und berichtigt von Fel. Liebrecht (Berlin 1851), für denjenigen, der sich mit dem in Frage stehenden Litteraturzweig beschäftigt,

*) Den Übergang von der Sprache zur Litteratur sollten ursprünglich Erörterungen über die Schrift, vor allem über das Schriftwesen des Mittelalters bilden. Dieser Abschnitt mußte wegen Mangel an Raum auf folgende Zusammenstellung reduziert werden. Im allgemeinen orientiert vorzüglich W. Wattenbachs Schriftwesen im Mittelalter (2. Aufl. Leipzig 1875). In die Kenntnis der mittelalterlichen Schriftarten führt ebenfalls gut und kurz W. Wattenbachs Anleitung zur lateinischen Paläographie (3. Aufl. Leipzig 1878) ein. Sehr zu empfehlen ist ferner Cesare Paolis Grundriß der lateinischen Paläographie ꝛc., übers. von K. Lohmeyer (Innsbruck 1885). [Vgl. jetzt auch Schum in Gröbers Grundriß 155 ff.]. Das Beste muß die Übung, das fleißige Lesen von Handschriften bezw. Handschriften-Facsimiles thun. Eine gute, instruktive Auswahl von solchen bietet W. Arndts lateinische Schrifttafeln zum Gebrauch bei Vorlesungen und zum Selbststudium (Berlin, 2. Aufl. 1878). Sonst nenne ich nur solche Facsimile-Editionen, die für den rom. Philologen speziell von Interesse sind: 1) Facsimili di antichi manoscritti (franz., prov., ital., span. ꝛc.) per uso delle scuole di filologia neolatina, hrsg. von E. Monaci (Rom, Martelli, bis jetzt 2 Hefte zu je 25 Tafeln, das ganze auf 4 Hefte berechnet; 2) die von W. Foerster hrsg. das Venner roman. Seminar besorgten Facsimiles; 3) Facsimilés à l'usage de l'école des chartes; 4) Les plus anciens monuments de la langue française hrsg. von G. Paris (Paris s. d. a. t. fr. 1875) 5) Archivio paleografico italiano, hrsg. von Ern. Monaci; 6) Photographische Wiedergabe der Hs. Digby 23 des altfr. Rolandsliedes, hrsg. von Stengel (Heilbronn 1878); 7) Il mistero provenzale di santa Agnese mit Vorwort von Ern. Monaci (Rom, Martelli).
**) Auch das Gebiet der Kulturgeschichte mußte hier wegen Raummangels ausgeschlossen bleiben. Ich verweise nur auf zwei, gut unterrichtende Werke, auf Alw. Schultz, Das höfische Leben zur Zeit der Minnesinger (Leipzig 1879—80, 2 Bde.) und auf P. Lacroix Moeurs, usages et costumes au moyen âge et à l'époque de la Renaissance. Ouvrage illustré de 15 planches et de 400 gravures (Paris, 2. Ausg. 1872).

noch heute ein unentbehrliches Hilfsmittel. Für das Drama bei den verschiedenen Nationen sei auf J. L. Kleins freilich nicht durchweg wissenschaftliche und im einzelnen viel Fehlerhaftes bietende (unvollendete) Geschichte des Dramas (12 Bde., 1865—1876) verwiesen. — Was endlich die mittelalterliche lateinische Litteratur anlangt, so steht zur Orientierung über dies Wissensgebiet in A. Eberts Allgemeiner Geschichte der Litteratur des Mittelalters im Abendland (1. Bd. Geschichte der christlich-lateinischen Litteratur von ihren Anfängen bis zum Zeitalter Karls des Großen, 2. Bd. Geschichte der lateinischen Litteratur vom Zeitalter Karls des Großen bis zum Tode Karls des Kahlen, Leipzig 1874—1880) ein vortreffliches Werk zur Verfügung.

Wenn wir uns hiernach zu den Darstellungen wenden, welche die Litteraturen der einzelnen romanischen Nationen bis jetzt gefunden haben, so fällt auf den ersten Blick die überraschende Thatsache auf, daß gerade diejenige romanische Nationallitteratur, mit der man sich wol verhältnismäßig am meisten beschäftigt hat, trotzdem noch einer wissenschaftlichen historischen Gesamtdarstellung entbehrt: ich meine die französische. Eine französische Litteraturgeschichte, die alle Perioden, alle Erscheinungen von den ersten Anfängen bis heute gleichmäßig berücksichtigt, welche die Erscheinungen geschichtlich zu begreifen und aus ihrer Zeit zu erklären sucht, welche die Gründe der litterarhistorischen Entwickelung überall klarzulegen bestrebt wäre, die da untersuchte, wie weit diese Gründe in Charakter, Geschichte, Verhältnissen der Nation selbst liegen, oder in wiefern Einwirkungen von anderswoher zu erkennen sind, die den Einflüssen nachgienge, denn gewisse litterarische Strömungen wie bestimmte einzelne litterarische Erscheinungen Dasein und Entfaltung zu danken haben, die die Faktoren aufdeckte, welche die Entwickelung der einzelnen Dichterpersönlichkeit wie seiner dichterischen Thätigkeit bedingten, indem sie nachzuweisen versuchte, wie weit diese Faktoren in der Dichterpersönlichkeit selbst, wie weit außer ihr zu suchen seien, welche endlich die Einwirkungen konstatierte, die von einzelnen Erscheinungen und Persönlichkeiten ausgingen*) — eine solche französische Litteraturgeschichte ist noch ein Desiderium. Die vorhandenen Gesamtdarstellungen der französischen Litteratur sind fast durchweg ästhetisierend. Das was dem augenblicklichen Geschmacke nicht zusagt, gilt als ästhetisch wertlos und wird daher kurz abgethan; die älteren Perioden der Anfänge werden als barbarisch und langweilig unter völliger Verkennung ihrer Bedeutung für die Beurteilung der weiteren Entwickelung oft fast ganz mit Verachtung übergangen, dergestalt daß für manchen Litterarhistoriker die französische Litteratur eigentlich erst mit dem Ende des 15. Jahrh. oder gar erst mit dem 16. Jahrh. beginnt. Über Schriftsteller und litterarische Werke wird rein subjektiv abgeurteilt auf Grund der augenblicklich geltenden ästhetischen Anschauungen. Daß solche unhistorische Litteraturgeschichten nur ein subjektiv gefärbtes und daher unvollkommenes, oft gar falsches Bild von der Litteraturentwickelung einer Nation geben können, liegt auf der Hand, und man wird es daher begreiflich finden, wenn ich solche Werke bis auf wenige hier ganz übergehe: ich nenne nur Demogeot, Histoire de la littérature française depuis ses origines jusqu'à nos jours (18. Aufl., Paris 1881); Geruzez, Histoire de la littérature française depuis ses origines jusqu'à la révolution (mehrfach aufgelegt, Paris); Nisard, Histoire de la littérature française (4 Bde., Paris, mehrfach neu aufgelegt). Daran anschließend erwähne ich gleich die zwar umfangreiche, aber wenig wissenschaftliche, äußerliche Kompilation von Godefroy, Histoire de la littérature française depuis le XVIe siècle jusqu'à nos jours (Paris, Gaume, 10 Bde.). Aus der Zahl der in Deutschland erschienenen Kompendien der französischen Litteraturgeschichte hebe ich Kreyßigs Geschichte der französischen Nationallitteratur von ihren Anfängen bis auf die neueste Zeit (neue Auflage, besorgt von Lamprecht, Berlin 1879) und Engels Geschichte der französischen Litteratur (Leipzig 1882) heraus. Beide Arbeiten haben die gleichen Mängel und die gleichen Vorzüge: die mittelalterliche

---

*) Über die Methode litterarhistorischer Forschung vgl. die goldenen Worte Eberts, Entwickelungsgeschichte der frz. Tragödie Vorw. und Einl. [und jetzt Tobler in Gröbers Grundriß].

Litteratur ist in völlig ungenügender Weise behandelt, und ihre Darstellung ist überreich an Fehlern, während von der neufranzösischen Litteratur wenigstens einige Partien eine ganz ansprechende Bearbeitung gefunden haben.

Fehlt es somit auch an einer genügenden wissenschaftlichen Gesamtdarstellung der französischen Litteratur, so mangelt es doch nicht an tüchtigen Arbeiten über einzelne Perioden bezw. einzelne Gattungen derselben. Für die altfranzösische Litteratur ist die durch die Benediktinermönche von St. Maur 1733 begonnene, durch die Mitglieder der Académie des inscriptions et belles lettres fortgesetzte Histoire littéraire de la France, trotz des ungleichen Wertes der verschiedenen zu so sehr auseinanderliegenden Zeiten entstandenen Bände, eine unerschöpfliche Fundgrube der Belehrung. Es ist eine Litteraturgeschichte im weitesten Sinne des Wortes: alle Gebiete des geistigen Lebens, Jus, Medizin, Theologie auf der einen Seite, schöne Litteratur, Poesie wie Prosa auf der andern Seite fanden Berücksichtigung. Die Mitarbeiter an diesem Riesenwerke sind stets die zu ihrer Zeit berufensten: vor allem wertvoll sind die Bände, zu denen die trefflichen Vater und Sohn Paulin und Gaston Paris beisteuerten. Erschienen sind bis jetzt 29 Bände, welche die französische Litteratur bis ins 14. Jahrh. geführt haben; treffliche Register zu den einzelnen Bänden und ein Gesamtregister zu Band I—XV orientieren über den Inhalt der oft in etwas bunter Reihe gebotenen Artikel. — Keine eigentliche Litteraturgeschichte, sondern nur eine, wenn auch heute noch bis zu einem gewissen Grade wertvolle Nomenklatur und Bibliographie der altfranzösischen Litteratur ist J. L. Idelers Geschichte der altfranzösischen Nationallitteratur von den ersten Anfängen an bis auf Franz I. (Berlin 1842). Das Werk muß als eine für die Zeit seines Erscheinens ganz beachtenswerte Leistung bezeichnet werden, so daß Gautier mit Recht von ihm sagt, man wäre wahrhaft erschreckt durch den immensen Aufwand von Gelehrsamkeit in dem Buche zu einer Zeit, wo in Frankreich eben erst das Rolandslied veröffentlicht war. Neben dem, was Ideler zu seiner Zeit leistete, nimmt sich das, was Charles Aubertin in seiner Histoire de la langue et de la littérature française au moyen âge d'après les travaux les plus recents (2 Bde., Paris 1876, 78, neue Aufl. 1885) über drei Jahrzehnte nach ihm leistete, ziemlich kläglich aus. Der Verfasser war zu seiner Arbeit wenig berufen. Er benutzte zwar vielfach die auf dem Titel erwähnten „travaux les plus recents"; aber da er selbst keine eigentlich selbständigen Studien auf dem in Frage stehenden Gebiete gemacht hat, steht er jenen seinen Quellen mit einer solchen Kritiklosigkeit gegenüber, daß er Gutes und Schlechtes in gleicher Weise acceptierend ein wunderliches Durcheinander von falschen und richtigen Aufstellungen giebt: die beste Partie des Werkes dürfte das Kapitel über die altfranzösische dramatische Dichtung sein, die schlechteste, eigentlich von Anfang bis zu Ende gänzlich verfehlte, die über die Geschichte der französischen Sprache. Das Werk ist nach alledem mit größter Vorsicht zu benutzen (vgl. übrigens G. Paris' ausführliche Besprechung des 1. Bandes Romania VI, 454 ff.) Ein paar Kapitel der altfranzösischen Litteraturgeschichte (vor allem aus der Geschichte der epischen Dichtung) fanden eine ausgezeichnete Behandlung in B. ten Brinks Geschichte der englischen Litteratur I (Berlin 1877)*). Die altfranzösische Litteratur bestimmter Gegenden stellen zwei ältere Werke: De la Rue, Essais sur les bardes, les jongleurs et les trouvères anglonormands (Paris 1834) und Arthur Dinaux, Trouvères et menestrels du nord de la France et du midi de la Belgique (4 Bde., Paris 1836—1863) dar, keine Litteraturgeschichten, sondern nur Materialien dazu; als solche jedoch — mit genügender Vorsicht und Kritik verwendet — noch heute nicht ohne Wert.

Das altfranzösische Epos ist mehrfach Gegenstand der Spezialforschung gewesen. Léon Gautiers umfänglich angelegtes Werk: Les épopées françaises: Etude sur les origines et l'histoire de la littérature française (3 Bde., Paris 1865 ff.,

---

*) Eine altfrz. Litteraturgeschichte von Semmig (Leipzig 1882) nenne ich nur hier in der Anmerkung, um vor ihr als einem gänzlich unzulänglichen Buche zu warnen.

neue, besonders im allgemeinen Teile gänzlich umgearbeitete Auflage 1877 ff.) ist zwar keine eigentliche Entwickelungsgeschichte des mittelalterlichen französischen Epos, trotzdem aber als geschickte, wenn auch bisweilen nach etwas äußerlichen Gesichtspunkten geordnete Inventarisierung des in Betracht kommenden wissenschaftlichen Materials sehr brauchbar (vgl. Bartsch, Rev. crit. 1866 II, 406 ff., 1867 II, 259 ff.; P. Meyer, Bibl. de l'école des chartes VI. série III, 28 ff., 304 ff.). Eine Popularisierung der bei Gautier und anderen gebotenen Resultate unternahm Kr. Nyrop in seinem ansprechenden Werke Den oldfranske Heltedigtning (Kopenhagen 1883; erscheint auch in italienischer Übersetzung), ein Werk, das durch die beigegebene freilich keineswegs vollständige Bibliographie auch für den Fachmann Wert besitzt. Gründlicher und tiefer als Gautier dringt Pio Rajna zu den Quellen des altfranzösischen Epos vor: sein Buch Le origini dell' epopea francese (Florenz 1884) darf als für die französische Litteraturgeschichte epochemachend bezeichnet werden; eine Reihe der schwierigsten Fragen der Genesis des französischen Epos ist hier zum ersten Male endgültig beantwortet oder ihrer Lösung nahe gebracht worden (vgl. G. Paris' Besprechung Romania XIII, 598 ff.). Ebenso war seiner Zeit epochemachend und ist heute noch ein höchst wertvoller Beitrag zur Geschichte des altfranzösischen Epos G. Paris' Histoire poétique de Charlemagne (Paris 1865; vgl. dazu die im selben Jahre erschienene Schrift De Pseudo-Turpino). Freilich beschränkt sich dieses Werk auf Sage und Dichtung, soweit sie sich an die Persönlichkeit Karls des Großen knüpft; dafür tritt es aber andererseits aus dem engeren Rahmen der altfranzösischen Litteratur heraus und geht den oft eigentümlich verschlungenen Schicksalswegen dieser altfranzösischen Sagen und Dichtungen außerhalb des heimischen Bodens in Deutschland, Standinavien, Spanien, Italien u. s. w. nach. Ein durch Inhalt und Form in gleicher Weise ausgezeichnetes, klassisches Buch! Vergleiche auch desselben Verfassers gesammelte Aufsätze und Reden: La poésie du moyen âge (Paris 1885), deren Lektüre Belehrung und Genuß zu gleicher Zeit gewährt. Treffliche Inhaltsangaben von den meisten altfranzösischen Epen bietet die Histoire littéraire, vorzugsweise aus der Feder von Paulin Paris. — Über Stil und Darstellungsart des altfranzösischen Volksepos handelt in sinniger Weise Ad. Tobler in seinem Artikel Über das volkstümliche Epos der Franzosen (Ztschr. für Völkerpsychologie und Sprachwissenschaft IV, 189 ff.). Derselbe Tobler entwarf auch ein anziehendes und lebendig anschauliches Bild vom Leben jener Spielleute, welche die Verbreiter der Sänge von Karl und Roland und den anderen Helden der altfranzösischen Sage waren: Spielmannsleben im alten Frankreich (Im neuen Reich 1875). Vgl. dazu Freymonds Heidelberger Habilitationsschrift Jongleurs und Menestrels (1883) und W. Hertz' prächtiges „Spielmannsbuch", Novellen in Versen aus dem 12. und 13. Jahrh. (Stuttgart 1885; mit guter Einleitung und reichen Anmerkungen).

Von den vielen größeren und kleineren Arbeiten, welche sich mit den verschiedenen Stoffgebieten des höfischen Epos beschäftigen, kann ich hier natürlich nur die wichtigeren namhaft machen. Über die Gralsage und die mittelalterlichen Dichtungen, deren Inhalt dieselbe bildet, handelte in gründlicher Weise A. Birch-Hirschfeld, Die Sage vom Gral, ihre Entwickelung und dichterische Ausbildung in Frankreich und Deutschland im 12. Jahrh. (Leipzig 1877; vgl. auch P. Paris, Le Saint Graal, Rom. 1, 457 ff.). Über die Romane von Artus' Tafelrunde hat G. Paris eine Reihe meisterhafter Aufsätze zu veröffentlichen angefangen (vgl. Rom. X, 465; XII, 459), die hoffentlich einmal in einem Pendant zu Paris' Histoire poétique de Charlemagne, in einer Histoire poétique d'Arthur ihren Abschluß und sozusagen ihre Krystallisation erfahren. Über ein weiteres Stoffgebiet der höfischen Epik, das dem Orient entstammt, orientiert G. Paris klar und kurz in seinem Vortrag Les contes orientaux dans la littérature française du moyen âge (Rev. pol. et litt. 1875, auch separat erschienen). Gegenstand der manigfachsten Kontroversen ist ferner die Trojasage und die Frage nach der Art ihrer Einführung in die mittelalterliche

Litteratur gewesen; über diese Frage belehren folgende Werke: Joly, Benoît de Sainte Moore et le roman de Troie ou les métamorphoses d'Homère et de l'épopée gréco-latine au moyen âge (Paris 1870, 1871. S.-A. aus den Mémoires de la société des antiquaires de Normandie, III. Ser. Bd. 7); Dunger, Die Sage vom Trojanerkrieg in den Bearbeitungen des Mittelalters und ihren antiken Quellen (Leipzig 1869); Derselbe, Dictys Septimius, über die ursprüngliche Fassung und die Quelle der Ephemeris belli Trojani (Dresdener Progr. 1878); G. Körting, Dictys und Dares, ein Beitrag zur Geschichte der Trojasage in ihrem Übergang aus der antiken in die romantische Form (Halle 1874).

Ein wichtiges Kapitel aus der Geschichte der mittelalterlichen Lyrik, wobei die altfranzösische Lyrik reiche Berücksichtigung findet, untersucht Fd. Wolf in seinem gründ=lichen und gelehrten Buche über die Lais, Sequenzen und Leiche. Ein Beitrag zur Geschichte der rhythmischen Formen und Singweisen der Volkslieder und der volksmäßigen Kirchen- und Kunstlieder im Mittelalter (Heidelberg 1841), wozu man K. Bartsch, Die lateinischen Sequenzen des Mittelalters in musikalischer und rhythmischer Beziehung (Rostock 1868) vergleichen möge. Über die altfranzösische Lyrik im Speziellen findet man, abgesehen von P. Paris' Artikel in der Histoire littéraire XXIII, einige noch heute lesenswerte Abhandlungen in Wackernagels Ausgabe altfranzösischer Lieder und Leiche (Basel 1846), während Gröber, Die altfranzösischen Romanzen und Pastourellen (Zürich 1872) und Bratelmann, Die Pastourelle in der nord- und südfranzösischen Poesie; ein Beitrag zur französischen Litteratur des Mittelalters (Jahr=buch IX) über die eigenartigste Branche altfranzösischer Lyrik in trefflicher Weise han=deln. Vgl. dazu die Sammlung altfranzösischer Romanzen und Pastourellen, welche Bartsch (Leipzig 1870) veröffentlichte. Über die altfranzösische Lyrik in musika=lischer Beziehung belehrt u. a. die Étude sur la musique au siècle de St. Louis von Henry Lavoix, welche sich im II. Bande von G. Raynauds Recueil de motets franç. des XIIe et XIIIe siècles (Paris, Bibl. franç. du moyen âge II) findet. Über die altfranzösischen Liederhandschriften lieferten sehr detaillierte Zusammen=stellungen Bratelmann, Die 23 altfranzösischen Chansonniers in den Bibliotheken Frankreichs, Italiens und der Schweiz (Herrigs Archiv XLII) und G. Raynaud, Bibliographie des Chansonniers français des XIIIe et XIVe siècles (2 Bde., Paris 1884).

Eine im ganzen zutreffende Vorstellung vom altfranzösischen ernsten Drama, vom liturgischen Drama an bis zu den Miracles de Nostre Dame des 14. und den Mystères des 15. und 16. Jahrh., vermittelt Petit de Julleville's Werk Les Mystères, das die zwei ersten Bände einer vom Verfasser geplanten umfassenden Histoire du théâtre en France bildet (Paris, Hachette 1880; der zweite Band ent=hält Analysen, bibliographische und sonstige wissenschaftliche Materialien). Daneben wird jedoch derjenige, der sich eingehender mit der Geschichte des älteren französischen Theaters beschäftigt, noch immer nicht der alten Parfaict'schen Theatergeschichte entraten können, die u. b. T. Histoire du théâtre françois depuis son origine jusqu'à présent; avec la vie des célèbres poëtes dramatiques .. un catalogue raisonné de leurs pièces acc. de notes historiques et critiques (Amsterdam 1735, 15 Bde.) erschien. Ein gleich wichtiges bibliographisches Hilfsmittel für den Forscher auf dem in Frage stehenden Ge=biete ist das Dictionnaire des mystères ou collection générale des mystères, moralités, rites etc. hrsg. von Migne (Paris 1854). Über die ersten Anfänge des mittel=alterlichen Dramas in der Liturgie und dem daraus entwachsenen liturgischen Drama geben ausgezeichnete Aufschlüsse Marius Sepet, Les prophètes du Christ. Études sur les origines du théâtre au moyen âge (Paris, 1878) und G. Milch=sad, Die Oster- und Passionsspiele. Literarhistorische Untersuchungen über den Ur=sprung und die Entwickelung derselben, I (Wolfenbüttel 1880). Man vgl. dazu Coussemaker, Drames liturgiques du moyen âge (Rennes 1860), Du Méril,

Origines latines du théâtre moderne (Paris 1849). Über die frühesten, noch altfranzösischen Nachahmungen antiker Dramen schrieb Chassang, Les essais dramatiques imités de l'antiquité au XIVe et au XVe siècle (Paris 1852). — Einen höchst wertvollen Beitrag zur Geschichte des altfranzösischen komischen Schauspiels lieferte Em. Picot in seinem Aufsatze La sottie en France. Fragment d'un répertoire historique et bibliographique de l'ancien théâtre français (Romania VII, 236 ff.) Vgl. noch zum altfranzösischen Lustspiel Petit de Julleville, Les comédiens en France au moyen âge (Paris 1885). Zum Schluß sei hier noch auf ein paar Sammlungen älterer frz. dramatischer Dichtungen hingewiesen: Michel und Monmerqué, Théâtre français au moyen âge (Paris 1839, 1874 neue Titelauflage; 11.—14. Jahrh.); Le théâtre français avant la renaissance 1450—1550: Mystères, moralités et farces avec introduction et notes, hrsg. von E. Fournier (Paris 1872); Ancien théâtre franç. ou collection des ouvrages dramatiques les plus remarquables depuis les mystères jusqu'à Corneille, hrsg. von Viollet-le-Duc (Paris 1854 ff., 10 Bde.); Miracles de Nostre Dame par personnages, hrsg. von G. Paris und Ul. Robert (Paris Soc. d. a. t. fr. 1876 ff.).

Von der französischen Litteratur des 16. Jahrhunderts entwarfen Darmesteter und Hatzfeld in ihrem Buche Le XVIe siècle en France (s. o. S. 449) eine ausgezeichnete, wenn auch ziemlich gedrängte Skizze. Ein gutes bibliographisches Hilfsmittel für die Litteratur dieser Zeit ist E. Picots musterhafter Catalogue des livres composant la bibliothèque de feu M. le baron J. de Rothschild (Teil 1 Paris 1885). Lesenswert ist noch immer Sainte-Beuves Tableau de la poésie française au XVIe siècle (Ed. déf. in 2 Bänden., Paris 1876). Speziell die Geschichte der dramatischen Dichtung dieses Zeitalters fand eine geradezu klassische Behandlung in Ad. Eberts Entwickelungsgeschichte der französischen Tragödie vornehmlich im 16. Jahrh. (Gotha 1856), wozu man Faguets La tragédie française au XVIe siècle (Paris 1883) vergleichen mag, ein Buch, das dem fortgeschrittenen Stande der Wissenschaft entsprechend Eberts Werk in mancher Beziehung berichtigt und ergänzt. — Die beste Leistung über das 17. Jahrh. wird wol noch geraume Zeit Ferd. Lotheissens Geschichte der französischen Litteratur im 17. Jahrh. (4 Bde., Wien 1878 ff.) sein. Leider wird der Wert des sonst mit guter Methode und auf Grund umfassender selbständiger Studien gearbeiteten Werkes durch eine Darstellung geschädigt, die zwar durch Schwung und Bilderreichtum besticht, aber doch oft mehr in die Breite als in die Tiefe geht und vielfach durch wenig bedeutende Phrasen entstellt ist. Eine Geschichte des fr. Romans im 17. Jahrh. schreibt H. Körting (Oppeln 1885 ff.); das Drama behandelte gut Despois (Paris 1875). Sonstige französische Arbeiten über diese Zeit (wie Demogeots Tableau etc., Albert, Villemain u. a.) sind in demselben ästhetisierenden Tone gehalten, wie die oben S. 475 erwähnten Litteraturgeschichten; ich sehe von einer Aufzählung der zahlreichen derartigen Arbeiten ab. — Was die Litteratur des 18. Jahrhunderts anlangt, so besitzen wir in H. Hettners Die französische Litteratur im 18. Jahrh. (4. Aufl., Braunschweig 1881 = Bd. II der Litteraturgeschichte des 18. Jahrh.) eine bis jetzt noch unerreichte klassische Darstellung derselben, welche, obwol sie in Einzelheiten heutzutage mancher Berichtigungen und Ergänzungen bedürftig ist, doch wohl immer zu den hervorragendsten Leistungen der litterarhistorischen Forschung überhaupt gerechnet werden wird. Dem Hettnerschen Werke bis zu einem gewissen Grade verwandt ist ein ganz eigenartiges Werk über das 19. Jahrhundert: Georg Brandes' Die Litteratur des 19. Jahrhunderts in ihren Hauptströmungen (Leipzig 1882 ff.): die Bände 1 und 5 behandeln vorzugsweise die französische Litteratur, die beiden ersteren die sogenannte Emigrantenlitteratur, der letztere die romantische Schule in Frankreich: eine Reihe fein durchgeführter geistsprühender psychologischer Studien. — Nicht ganz so wertvoll, aber trotzdem lesenswert ist Jul. Schmidts Geschichte der französischen Litteratur seit Ludwig XVI. (Leipzig 1874,

2 Bde.). — Ein Kapitel endlich, das die französischen Litteraturgeschichten meist fast ganz zu vernachlässigen pflegen, das Volkslied, fand neuerdings einen tüchtigen Bearbeiter in W. Scheffler: Die französische Volksdichtung und Sage, ein Beitrag zur Geistes- und Sittengeschichte Frankreichs (2 Bde., Leipzig 1884 ff.). Das Buch ist zwar für weitere Kreise berechnet, beruht aber dabei auf tüchtiger und selbständiger Einzelforschung.

Die altprovenzalische Litteraturgeschichte hat schon sehr früh, im 16. Jahrh., einen Bearbeiter gefunden in Nostradamus, dessen Vies des plus célèbres et anciens poètes provençaux (Lyon 1575), so unzuverlässig sie auch im allgemeinen sind, heute doch noch nicht ganz wertlos geworden sind (vgl. Bartsch, Die Quellen des Nostradamus Jahrb. XIII). Derjenige, der heutzutage provenzalische Litteratur zu studieren anfängt, wird noch immer gut thun, mit dem Studium der beiden oben S. 405 charakterisierten Werke Diezens, Poesie der Troubadours (Zwickau 1826; neue Auflage Leipzig 1883) und Leben und Werke der Troubadours (Zwickau 1829; neue Auflage Leipzig 1882) zu beginnen, so vieles in ihnen auch gegenüber dem jetzigen Stande der Forschung als veraltet bezeichnet werden muß. Der Wert dieser beiden Arbeiten wurde durch Fauriels*) vorurteilsvolle Histoire de la poésie provençale (Paris 1846) in keiner Weise erreicht, ja selbst Publikationen der letzten Jahre, wie F. Hueffers oberflächliche Arbeit Troubadours: a History of Provençal Life and Literature (London 1878) und E. Brinkmeyers hinter den Fortschritten der Forschung zurückgebliebenes Werk. Die provenzalischen Troubadours als lyrische und politische Dichter (Göttingen 1882) stehen an Wert hinter den zwei klassischen Büchern von Diez unendlich weit zurück. Ebenso ist aus Balaguers Historia politica y literaria de los Trovadores (Madrid 1877 ff., 6 Bde.) der Wissenschaft keine eigentliche Förderung erwachsen. Ein wichtiger umfangreicher Beitrag dagegen zur provenzalischen Litteraturgeschichte ist Chabaneaus neueste Arbeit: Les Biographies des Troubadours en langue provençale publiées intégralement pour la première fois avec une introduction et des notes, accompagnées de textes latins, provençaux, italiens et espagnols concernant ces poètes et suivies d'un Appendice contenant la liste alphabétique des auteurs provençaux avec l'indication de leurs œuvres publiées ou inédites et le répertoire méthodique des ouvrages anonymes de la littérature provençale depuis les origines jusqu'à la fin du XVe siècle (Bd. X der Histoire gén. de Languedoc, Toulouse 1886). Wie diese Publikation, so kann auch O. Schultz Dissertation Die Lebensverhältnisse der italienischen Trobadors (Ztschr. f. rom. Phil. VII, 177 ff.) als eine wertvolle Ergänzung zu Diezens Leben und Werke ec. bezeichnet werden. — Eine höchst scharfsinnige und bedeutende Arbeit ist die G. Gröbers über die Liedersammlungen der provenzalischen Troubadours (Rom. Stud. II, 337—671). — Nützlich ist die Zusammenstellung von A. Birch-Hirschfeld über die den provenzalischen Troubadours des 12. und 13. Jahrh. bekannten epischen Stoffe (Halle 1878). — Keine eigentliche Litteraturgeschichte, sondern nur eine Übersicht der sämtlichen altprovenzalischen Litteraturdenkmäler, sowie eine Zusammenstellung des bibliographischen Materials will K. Bartschs Grundriß zur Geschichte der provenzalischen Litteratur (Elberfeld 1872) sein: als solcher und zugleich durch die Beigabe eines alphabetischen Verzeichnisses sämtlicher lyrischer Dichter des 12. und 13. Jahrh. und ihrer Werke äußerst wertvoll.

Bekannt ist der bedeutende Einfluß, den die provenzalische Troubadourpoesie auf die Litteratur anderer Nationen (Katalanische Litteratur, Spanien, Portugal, Italien, Deutschland) ausgeübt hat. In Kürze orientiert über denselben, soweit romanische Litteraturen in Betracht kommen, P. Meyer in seinem Aufsatz De l'influence des troubadours sur la poésie des peuples romans (Rom. V, S. 257). Tiefer dringt in die Frage, mit Bezugnahme auf eine spezielle romanische Litteratur, das schon oben

---

*) Fauriel ist auch der Verf. der meisten das Provenzalische behandelnden Artikel der Histoire littéraire.

S. 458 erwähnte Buch von Mila y Fontanals De los Trovadores en España ein, während die Arbeit von Baret, Les troubadours et leur influence sur la littérature du Midi de l'Europe (Paris 1867) oberflächlich und gänzlich wertlos ist. Über den Einfluß der Troubadours in Italien unterrichtet kurz A. Graf in seiner Vorlesung Provenza e Italia (Turin 1877), über den bei den altsicilianischen Dichtern A. Gaspary in seinem ausgezeichneten Buche Die sicilianische Dichterschule des 13. Jahrh. (Berlin 1878). Über die Beziehungen der mittelhochdeutschen Lyrik zur provenzalischen lese man bei F. Michel, Heinrich von Morungen und die Troubadours (Straßburg 1880) nach. Vgl. endlich Bartsch*), über die romanischen und deutschen Tagelieder (in seinen ges. Vorträgen und Aufsätzen, Freiburg 1883) und hierzu L. Römer, Die volkstümlichen Dichtungsarten der altprovenzalischen Lyrik (Ausg. und Abhandl. XXVI).

Die provenzalische Litteratur erlischt gegen Ende des Mittelalters, mit ihr erstirbt die provenzalische Litteratursprache. Über die letzten Versuche, beide vor dem Untergange zu retten, vergleiche man unter andern Chabaneau, Origine et établissement de l'Académie des Jeux Floraux (Histoire génér. de Languedoc, Toulouse 1885). Daß seit einigen Jahrzehnten südfranzösische Patrioten und Dichter bemüht sind, das Provenzalische wieder zu einer Schriftsprache zu machen, daß heute vielfach in provenzalischer Sprache geschrieben und gedichtet wird, ist — dank vor allem den innigen schönen Dichtungen Frederic Mistrals — eine allgemein bekannte Thatsache, die schon oben S. 457 f. berührt wurde. Man orientiert sich über diese neuprovenzalische Litteratur am schnellsten bei Böhmer, Die provenzalische Poesie der Gegenwart (Halle 1872).

Über die katalanische Litteratur ist wenig zu bemerken. Da die katalanischen Dichter der ersten Zeit so vollständig unter dem Einfluß des Provenzalischen standen, daß sie sich auch der provenzalischen Sprache bedienten, so fällt die ältere katalanische Litteraturgeschichte naturgemäß mit der provenzalischen zusammen. Über die spätere katalanische Litteratur (vom 14. Jahrh. an) unterrichten folgende Arbeiten: Milá y Fontanals, Katalanische Dichter: 1. Periode von dem Anfang des 14. Jahrh. bis Anfang des 15. Jahrh. (Jahrbuch V, 137 ff); Ad. Ebert, Katal. Dichter (ebd. II, 241 ff.); A. Helfferich, Raymund Lull und die Anfänge der katalanischen Litteratur (Berlin 1858); F. R. Camboulin, Essai sur l'histoire de la littérature catalane (Paris 1858); kurz und oberflächlich behandelt den Gegenstand Balaguer in seiner Vorlesung De la littérature catalane (Madrid 1875). — Vom Einfluß der provenzalischen Tronbadourpoesie auf die katalanische Litteratur war bereits die Rede; daß auch von Italien her eine Einwirkung stattgefunden hat, zeigt Milá y Fontanals in seinen Notes sobre la influencia de la literatura italiana en la catalana (Barcelona 1877).

Das Gebiet der spanischen Litteraturgeschichte hat weit bessere und gründlichere Bearbeitung gefunden, als das der spanischen Sprachgeschichte (s. o. S. 459). Während z. B. Frankreich, wie wir sahen, noch immer keine wirklich wissenschaftliche Gesamtdarstellung seiner Nationallitteratur aufzuweisen hat, kann sich Spanien bereits einer solchen rühmen. Wir besitzen in D. José Amador de los Rios' Historia critica de la literatura española (Madrid 1861—65 7 Bde.) ein Werk von hervorragendster Bedeutung. Der Verfasser stellt sich zwar auf den nationalen Standpunkt, hat aber dabei mit echt wissenschaftlicher kritischer Methode gearbeitet, so daß er ein Werk geschaffen hat, das alle anderen spanischen Litteraturgeschichten weit überragt (vgl. F. Wolf, Jahrb. V, VI). Aus der Zahl der vor Amador de los Rios erschienenen Werke verdient Ticknor's History of Spanish Literature (4. amerik. Ausg. Boston 1872 4 Bde.**) als eine der besseren Leistungen hervorgehoben zu werden; auch des alten Bouterwek Geschichte der spanischen Poesie und Beredsamkeit (in seiner Allgemeinen

---

*) S. auch desselben „Strophenbau der deutschen Lyrik" (Germ. II), und die „Reimkunst der Troubadours" (Jahrbuch I).

**) Ticknors Werk wurde auch verschiedentlich in andere Sprachen übersetzt: deutsch mit Zusätzen von Julius und Wolf, 2 Bde. Leipzig 1852. Supplement 1866; spanisch: mit

Geschichte der Poesie und Beredsamkeit seit dem Ende des 13. Jahrh. Göttingen 1801—19; auch ins Spanische übersetzt, Madrid 1829 und später neu aufgelegt) sei an dieser Stelle als einer für ihre Zeit beachtenswerten Erscheinung gedacht. Lemcke's nützliches Handbuch 2c. wurde schon oben S. 459 erwähnt. Außer diesen Gesamtdarstellungen der spanischen Litteratur seien hier von Arbeiten mit engerem Programm wenigstens noch einige der bedeutenderen genannt. Wir begegnen auch hier wider dem Namen des rührigen und verdienten Milá y Fontanals, von dem vor allem zwei Werke an dieser Stelle in Betracht kommen: Principios de literatura general y española und De la poesia heróico-popular castellana (Beide Barcelona 1874 erschienen). Eine ausgezeichnete Geschichte der dramatischen Litteratur und Kunst in Spanien (3 Bde. Berlin 1845—6) verdanken wir dem auch als Dichter bekannten Grafen Ad. Fried. von Schack, wozu Kleins Geschichte des spanischen Dramas (4 Bde. Leipzig 1871 ff.; Teil des oben S. 474 erwähnten Werkes) zu vergleichen wäre. Vom spanischen Drama speziell des 17. Jahrh. giebt A. Morel-Fatio in seinem Vortrage La Comedia Espagnole du 17e siècle (Paris 1885) ein zwar nur in großen Zügen, aber geistvoll gezeichnetes Bild. Wertvolle Studien zur Geschichte der spanischen (und portugiesischen) Nationallitteratur veröffentlichten F. Wolf (Berlin 1859) und Dozy (Leyden 1881)

Für die portugiesische Litteratur fehlt es dank der schon oben S. 461 hervorgehobenen rührigen Thätigkeit der einheimischen Gelehrten, vor allem eines Theophilo Braga, nicht an im ganzen guten Darstellungen derselben. Ganz brauchbare Kompendien verfaßte der genannte Theophilo Braga: ich nenne vor allem sein Manual da Historia da Litteratura Portugueza (Porto 1875); ferner Theoria da Historia da Litteratura Portugueza (Porto 1872; 3. Ausg. Porto 1881) und Curso da Historia da Litteratura Portugueza (1886). Außerdem unternahm Braga eine große portugiesische Litteraturgeschichte in Einzeldarstellungen, von der eine ganze Serie von Bänden in bunter Reihe bereits erschienen ist: u. a. Epopeas da Raça Mosarabe: eschola nacional (Porto 1871); Trovadores Galecio-portuguezes; eschola provençal (XII.—XIV. Jahrh. ebd. 1871); Poetas Palacianos: eschola hespanhola (XV. Jahrh. ebend. 1872); Bernardim Ribeiro e os Bucolistas: Eschola hispano-italica (XV. Jahrh. ebend. 1872); Historia dos Quinhentistas: Vida de Sá de Miranda e sua eschola (Porto 1871); Historia de Camões (3 Bde., in Bd. 3 Catalogo Geral dos Poetas Portuguezes no seculo XVI. Porto 1873—5); Historia do Theatro Portuguez (4 Bde. Porto 1870—1). Die Lyrik und Romanzenpoesie behandelt Braga in folgenden Werken: Historia da Poesia popular Portugueza (Porto 1867); Cancioneiro popular (Coimbra 1867); Romanceiro Geral (ebd. 1867); Cantos populares do Archipelago Açoriano (Porto 1869); Floresta de varios romances (Coimbra 1868). Wenn man diese große Zahl von Publikationen überblickt und zugleich konstatiert, daß dieselben fast sämtlich innerhalb weniger Jahre das Licht der Welt erblickten, so wird man sich von vorn herein schon des Eindruckes einer gewissen Hast in der Publikationsweise Bragas nicht erwehren können. Und in der That, wie alle Veröffentlichungen Bragas, so haben auch die vorstehenden durch eben diese Hast eine bedeutende Beeinträchtigung ihres Wertes erfahren. Man kann eigentlich fast keine Arbeit Bragas als wirklich ausgereift bezeichnen: alle wimmeln von kühnen Thesen und Hypothesen, die schnell hingeworfen ebenso schnell auch wider aufgegeben werden; und wie die Hast der Arbeit den Inhalt der Bücher schädigte, so gestattete sie auch keine gefeilte vollendetere Formgebung. Kurzum, Braga zieht es vor, Materialien und Anregungen zu geben, anstatt Werke von bleibendem Werte zu Tage zu fördern. — Von Einzelforschungen auf dem Gebiete der portugiesischen Litteraturgeschichte nenne ich nur noch das prächtige Büchlein von Diez, Die erste portugiesische Kunst- und Hofpoesie (Bonn 1863).

Zusätzen von P. de Gayangos und E. de Bebia, 4 Bde. Madrid 1851—56; endlich eine franz. Übersetzung mit den Zusätzen der span. Kommentatoren.

Die Studien über italienische Litteraturgeschichte erfreuen sich seit einiger Zeit eines ganz gewaltigen Aufschwungs: Beweis dafür sind allein schon die zahlreichen italienischen Zeitschriften, welche zum Teil ausschließlich, zum Teil vorwiegend der Erforschung der italienischen Litteratur gewidmet sind (s. o. S. 413). Diesem Aufschwunge verdanken wir außer einer großen Menge wertvoller Einzelforschungen denn auch bereits eine Reihe mehr oder weniger trefflicher Darstellungen der italienischen Litteraturgeschichte, sei es ihrer Gesamtheit, sei es einzelner Perioden. Die beste dieser Gesamtdarstellungen verspricht Ad. Gasparys Geschichte der italienischen Litteratur zu werden, von welcher der erste Band, der ein ausgezeichnetes Bild der Entwickelung bis Petrarca entwirft, Berlin 1885 erschienen ist. Das Verdienst, der erste gewesen zu sein, welcher eine wirklich wissenschaftliche italienische Litteraturgeschichte mit Verwertung aller Forschungen und Resultate der modernen Wissenschaft zu schreiben unternahm, gebührt dem Italiener Adolfo Bartoli: daher wird seine mit viel Aufwand von Geist und Gelehrsamkeit geschriebene Storia della Letteratura italiana (Florenz 1878 ff. Bd. 1—5 und Bd. 7: bis Petrarca; vgl. Gaspary, Ztschr. IV, 387; eine deutsche Übersetzung von Reinhardstöttner begann Leipzig 1881 zu erscheinen) stets einen hervorragenden Platz in der italienischen Litteraturforschung einnehmen, so viel auch im einzelnen an derselben auszusetzen ist. Dagegen ist Bartolis älteres Werk I primi due secoli della letteratura italiana (Mailand 1871—80) als eine ziemlich schlechte Kompilation zu bezeichnen, die das Material in oft wenig glücklicher Gruppierung bietet, sich oft (z. B. im Kapitel über Dante) mit langen Auszügen aus den Werken der Dichter begnügt, in der aber neben unzulänglichen saloppen Partien doch auch einige gute Ausführungen anzutreffen sind. Das letztgenannte Werk bildet mit vier weiteren, von anderen Verfassern herrührenden Bänden, die Storia letteraria d'Italia, welche einen Teil der unter P. Villaris Direktion veröffentlichten Storia politica e letteraria d'Italia dei primi tempi ai giorni nostri bildet. Die weiteren Bände sind bearbeitet von G. Invernizzi (Il Risorgimento: dal 1375 al 1494, eine kritiklose Kompilation), U. A. Canello (Il Cinquecento: dal 1494 al 1595), B. Morsolin, Il Seicento: dal 1595 al 1748), und G. Zanella (Della Metà del Settecento ai nostri giorni): die beste Partie dürfte die von Canello bearbeitete sein. Neben diesen neueren Werken verdienen einige ältere Publikationen noch heute genannt zu werden. So ist noch immer in mancher Beziehung nützlich die bereits in den siebenziger Jahren des vorigen Jahrhunderts zuerst erschienene Storia della letteratura italiana von Tiraboschi (später öfters neu gedruckt, z. B. Venedig 1823—5 in 9 Bdn.); ferner nenne ich P. L. Ginguené, Histoire littéraire d'Italie (Paris 1811 ff. in 9 Bbn.; eine Fortsetzung — Bd. X—XIV — von Salfi). Von allgemein kulturhistorischem Standpunkt, aber nicht immer zuverlässig in Einzelheiten behandeln die italienische Litteratur u. a. G. Maffei (Storia della letteratura italiana, Mailand 1825, später 1834, 1844 u. s. w. öfters neu aufgelegt); Emiliani Giudici (Storia delle lettere in Italia 1841, neue Aufl. 1855). Vor allem verdienen jedoch stets die geistvollen Arbeiten von Settembrini und De Sanctis gelesen zu werden: ich erwähne aus der großen Zahl ihrer Publikationen des ersteren Lezioni di letteratura italiana (neue Aufl. in 3 Bdn. Neapel 1879—80) und des letzteren Storia della letteratura italiana (3. Aufl. in 2 Bdn. Neapel 1879)*). Eberts Handbuch wurde schon oben S. 463 empfohlen.

Aus der großen Menge von Werken, welche einzelne Perioden oder einzelne Gattungen der italienischen Litteratur behandeln, gestattet der Raum hier nur einige wenige anzugeben. Für die ganze ältere Zeit ist Fr. Zambrinis Le opere volgari a stampa dei secoli XIII e XIV indicate e descritte (Neue Aufl. Bologna 1884) ein ganz vorzügliches bibliographisches Hilfsmittel, dessen Niemand entraten kann, der sich eingehend mit den ersten Perioden der italienischen Litteraturgeschichte

---

*) Weitere Litteraturangaben s. in Breitingers oben S. 410 erwähntem Buche.

beschäftigt. Über die älteste italienische Lyrik vergleiche man das schon erwähnte treffliche Buch von Gaspary, Die sicilianische Dichterschule des 13. Jahrh. (Berlin 1878), über die Anfänge dramatischer Dichtung A. D'Anconas Origini del teatro in Italia (Florenz 1877, 2 Bde.)*) und E. Monaci, Appunti per la storia del teatro italiano (Riv. d. fil. rom. I, 11), zur Geschichte der Epik Pio Rajnas wertvolle Ricerche intorno ai Reali di Francia (Bologna 1872). — Begreiflicherweise hat die Renaissancelitteratur Italiens öfters die Forschung angezogen. Ein umfänglich angelegtes Werk über dieselbe ist G. Körtings Geschichte der Litteratur Italiens im Zeitalter der Renaissance (Leipzig 1878 ff., bis jetzt 3 Bde.). Das Werk hat seine großen Mängel: die Darstellung ist oft unendlich breit und ermüdend; die Disposition des Stoffes nicht durchweg ansprechend, Unwichtiges wird mit derselben Breite behandelt wie Wichtigeres, dabei mangelt es der Kritik oft an Schärfe und Klarheit. Trotzdem aber wird man das fleißige und gelehrte Werk als ein nützliches und förderndes bezeichnen müssen, das der ferneren Forschung die Arbeit in vieler Beziehung erleichtert. Für dasselbe Zeitalter sei hier noch auf das klassische Buch von J. Burckhardt, Die Kultur der Renaissance in Italien (neue Aufl. besorgt von L. Geiger Leipzig 1878), ferner auf Voigt, Die Wiederbelebung des klassischen Altertums oder das erste Jahrhundert des Humanismus (2. Aufl. Berlin 1880—1) hingewiesen. — Über die italienische Volksdichtung orientieren u. a. D'Ancona, La Poesia popolare italiana; Studi (Livorno 1878), Nigra, La poesia popolare italiana (Romania V, S. 417 ff.), Rubieri, Storia della poesia popolare italiana (Florenz 1877). Auf die in der gleichen Richtung verdienstlichen zahlreichen Forschungen des Sicilianers Pitrè (zumeist in Palermo erschienen) kann ich hier nur noch im allgemeinen hinweisen.

Die beiden letzten romanischen Sprachgebiete, das Rätoromanische und Rumänische, haben keine sehr umfängliche, keine sehr weit zurückreichende Litteratur aufzuweisen. Ein fast vollständiges Verzeichniß der in rätoromanischer Sprache abgefaßten Litteraturdenkmäler veröffentlichte Böhmer in Heft XX (Nachträge in Heft XXI) seiner Romanischen Studien, wogegen die Geschichte der Litteratur des rätoromanischen Volkes von Friedl. Rausch (Frankfurt 1870) sehr unvollständig und unzuverlässig ist. Für Tirol vgl. man Schneller, Über die volksmundartliche Litteratur der Romanen in Tirol (Innsbrucker Gymn.-Progr. 1869). — Über die Entwickelung der rumänischen Litteratur gewährt Ciparin in seiner oben S. 470 empfohlenen Chrestomathie einen trefflichen Überblick, den das Verzeichnis der älteren Litteratur in den Principii de limbă si de scriptura (s. o. S. 471) in willkommener Weise ergänzt. In Kürze orientiert auch der ebenfalls schon früher genannte Vortrag Picots (Rev. de Ling. VIII). Von sonstigen, meist aber wenig wissenschaftlichen Kompendien nenne ich: Popfiu, Poesii si Prosă (2 Bde. Libenburg 1868 ff.; bespricht kurz die Litteratur bis Ende des vorigen Jahrhs.); Popu, Conspect asupra literaturei romăne si scrietorilor ei de la început si pînă asta-di (2 Bde. Bukarest 1875.76, mit das Beste was vorhanden); Densușianu, Istoria limbei si literaturei romăne (Jassi 1885). Die rumänische Volkslitteratur endlich wird durch eine vorzügliche Publikation M. Gasters Literatura populara romăna (Bukarest 1883) erschlossen.

---

*) Auch die in mehreren Bänden gesammelten (sonst meist in Zeitschriften zerstreuten) kleineren Aufsätze D'Anconas seien zur Lettüre angelegentlichst empfohlen: sie sind alle bedeutsame Beiträge zur italienischen Litteraturgeschichte.

Nachtrag.

Zu S. 427: D'Ovidio, Della quantità per natura delle vocali in posizione (in Misc. Caix-Canello S. 393.)

Zu S. 429: Nyrop, Adjektivernes Kønsbøjning i de Romanske Sprog (Kopenhagen 1886).

Freiburg i. Br.

F. Neumann.